新物种爆炸

认知升级时代的新商业思维

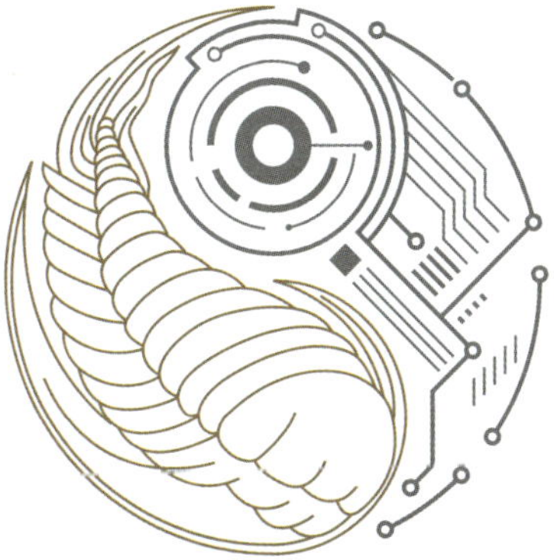

XSPECIES

吴声 著

中信出版集团 · 北京

纵使千般低回，万种寄托，新物种仍旧呼之欲出。

——《超级 IP · 后记》

新物种爆炸

XSPECIES

绪论——新物种爆炸与进化

2016 年和 2017 年不仅黑天鹅事件频发，在互联网商业和科技创新领域也是拐点频出，标志性事件层出不穷。普遍意义上，英国脱欧、特朗普当选美国总统被认为是西方国家“逆全球化”趋势的开始，之所以被归纳为黑天鹅事件，在于其动摇了人们在 21 世纪初树立的、富有主流意味的“全球化”信仰。与之呼应，人工智能 AlphaGo（阿尔法机器人）战胜李世石，同样有力回击了诸多专家所坚信的若干年后才会发生的预言。

有幸亲历历史的人也难免惊讶与晕眩，每个人的认知都在经受前所未有的挑战，认知的边界在“黑天鹅时代”给予的启发与想象中不断消解。AlphaGo 所代表的不只是急剧的技术变革，更在于以它为标志的人工智能对人类智能的全面碾压，其背后的商业内涵与社会意义深切致远。

2016 年的 AlphaGo 仅仅是开始。2017 年初，拉斯韦加斯 CES 成功演变为一届毫无违和感的人工智能消费展和汽车展，全世界的工程师似乎在某种力量驱动下，致力于把每一件日常用品——从耳机到汽车、从飞行器到鞋子——统统转为智能与互联的设备。相信所有目睹盛况的人都会认同：未来从未如此令人激动，技术深入日常生活的时代来临了。

然而，技术不动声色地创造着时代议题与个体观念，不可捉摸地推动着生活更新与未来展望，人们首先感到是不明确的巨变，或者说是事态发展的加速度，以下场景即现端倪：

特斯拉凭借在汽车界匪夷所思的激进思路让自动驾驶突然走到消费者身边，并触动了大部分主流车企宣布自动驾驶计划；硅谷创业公司 Zipline 开发出的第一款商用送货无人机 Zips，与卢旺达政府达成合作协议，用固定翼无人机搭载药品和血浆，以每小时 140 公里的速度飞行并且自动投放；MIT（麻省理工学院）工程师开发微型机器人，将它包裹在冰里，让病人吞服到胃中，待冰融化后机器人便可在外部磁力引导下到达病人胃部伤口，释放药物完成治疗；甚至以“思想进步、方法常规”著称的联合国，亦尝试着用 VR（虚拟现实）技术解决现实问题，借助 VR 影片讲述有关安置难民的问题，并投入到人道主义基金中。

直至目前，尽管依旧很难预测未来的技术力量与文明程度，但是亲历者却有能力在头脑中创建未来模式，并洞察到这样一种暗示：奇点已至。

关于奇点，计算机先驱约翰·冯·诺依曼在 20 世纪 50 年代就提及这一概念，而最为著名的引申来自美国预言家雷·库兹韦尔，他认为指数级的进步速度将最终使得人工智能出现飞跃，并且开创性地提出“加速回报定律”，即 21 世纪科技仍然在加速发展，这 100 年的科技成就将是过去 1000 年成就的总和。

无论是库兹韦尔提出的“奇点临近”，还是我们感受到的“奇点已至”，从科学实证角度看都是“概念假说”。但重要的是，“奇点说”暗含一个重要思想，即人类创造技术的节奏正在加速，人类的生活将不可避免发生剧变。与此同时，对“奇点已至”的认知程度也在加速，人们能感受到，并认同它的表面含义，但却很难真正理解其对世界本身的深刻影响。

新物种爆炸

对“奇点”的理解并不局限在对科技发展本质的探寻，“奇点”代表着进化逻辑与技术能力融合的质变点，是技术与商业、社会、个体的交互临界关系总和，“历史指数增长观”是贯穿历史周期的系统秩序。

事实上，关键事件联络形成的指数级增长现象被广泛认知，人们沉浸于这些现象而鲜有人明确这种增长的节奏与深意。“新物种爆炸”的提出正是理解与拓展这种观念的钥匙，揭示了技术奇点、商业演化的底层逻辑：以新物种线索重新串联与审视正在发生的事件，辨析技术发生的重要意义及未来发展的走向。

新物种爆炸，概念援引自地质科学的物种大爆发，即6亿年前的寒武纪。从寒武纪开始，绝大多数无脊椎动物在几百万年的很短时间内出现了，因此寒武纪被称为生命的历史性机遇。

今天所指的“新物种爆炸”发生在商业文明进程中，皆以科学技术为先导，指向越来越精细的需求和空无边际的想象力，在新技术与新需求的持续碰撞中，催生了大量改变人类生活与文明的新物种。这种立足想象力的未来图景驱动着人类的创新意志，重塑着商业与人的关系。每一次问题的解决都意味着全新的商业范式，每一个审美的痛点都意味着全新的生活形态：这是快手和 bilibili（哔哩哔哩）崛起的原力，也是社区便利店网络化的缤果盒子和盒马鲜生的基因，更是咖啡为芯片的 Mercedes me Café 、欧舒丹 Café 、Gucci Café 、淘咖啡、熊本熊 Café 、MUJI Café 、Blue Bottle 和 Philz Coffee 涌现的动力。咖啡生活才是当代人的社交语言与沟通能力：降维打击传统美食，轻松溶解联合办公，积极改善购物体验，推动品牌情感联系。

新物种溯源

新物种爆炸提供了一种新的科技史断代讲述方式，区别于传统的“科技革命”式的断代——强调生产力与生产关系的辩证发展，而是聚焦于技术与商业、技术与人的双重关系来丈量历史，不仅致力于解释过去——在马车和蒸汽机的轮替中清晰可见，更企图启发未来，人工智能冲击的工作岗位消失会否与随之而起的新机会如影随形？

人类发展史上已发生三次新物种爆炸，每一次都引发了商业效率的逻辑转变、社会阶层与文化的秩序重置，以及人类作为观念与创造力复合体的意义变化——大多数时候，这些意义都在技术赋能中不断被重新诠释。

电气新物种爆炸

第一次是“电气”新物种爆炸，以电灯与汽车为新物种代表，强电、弱电、内燃机等各种新技术、新发明交相辉映，被迅速应用于工业生产，极大促进经济发展的同时，基础设施与前瞻性需求的对接效率成为经济发展硬指标。社会化分工确立，社会层级与通道相对固定，财富与声望驱使大众努力工作来改善生活。

信息新物种爆炸

如同电与内燃机的使用引发电气新物种爆炸一样，电子计算机与互联网作为关键基础设施再次引发了“信息”新物种爆炸，电子游戏、电子商务、掌上电脑、数码相机、线上办公、远程教育等新物种如雨后春笋般涌现出来。

信息新物种爆炸，主要以信息技术为主体，重点在于创造和开发知识。信息、资讯与知识成为社会财富及社会发展的主要动力，信息获取的民主化在社会政治关系和经济竞争上表现为新形式与新内容，迫使信息源优势成为个人与组织决策的核心，信息升级为第一生产要素。社会领域去权威化与跨区域的文化形成，跨界文化与个性解放时代驱使大众追求时尚与个性化。

连接新物种爆炸

脸谱网、苹果的天价市值，微博、微信对社会的影响都需要我们将“连接”放置到与“分工”同样重要的位置才能理解。以智能手机、车联设备、智能家居为新物种代表，移动互联技术与智能硬件是关键基础设施，连接构成了一个与现实社会并存、硕大与复杂、有形和无形的网络世界。

物联网、App（应用程序）及各种各样的网络化体系，促使计算机信息系统与人类自身的信息系统一旦产生新的“连接元”，就会重构世界、重构人类社会的复杂网络，推动人类社会进入一个全新的、人机信息相连的社会纪元。

从社会角度看，连接的价值不断超越实物的价值，连接不断提升信息的效率，极度自动化和连通性成为经济结构调整的综合指标，实现效率和生产力的长线增长，建立有效连接代表着当今社会及商业的核心价值；从个体角度看，网络化个体以自有价值在网络中与外部连接形成新的价值认同，生活创新者文化与社群文化蓬勃崛起。从后连接的产业变化角度看，无论 Instacart 的超市快递，还是美团点评的餐饮重塑，抑或微信和支付宝的本地商家赋能，产业互联网正清晰指向连接赋能的新时代。

1 **电气新物种爆炸**
以电灯和汽车为新物种代表
以强电、弱电、内燃机为关键基础设施

2 **信息新物种爆炸**
以计算机为新物种代表
以互联网为关键基础设施

3 **连接新物种爆炸**
以智能手机为新物种代表
以移动互联技术与智能硬件为关键基础设施

人类已发生三次新物种爆炸

第四次新物种爆发

每隔 100 年都有一批人像当年见证电灯发明的人那样震惊，其实这个时刻已经到来，比电力技术、互联网技术变革更加深刻的人工智能技术已经浮出水面。依循前三次物种大爆炸的模式，当前正处于第四次物种大爆发的开端。哪些技术将成为第四次物种大爆发的发展动力，已有众多学者与机构列出了答案，但所有新进展和新技术都有一个重要特点：善于利用大数据和智能技术无处不在的赋能力。

从无人驾驶到无人机，从虚拟助手到语音识别，人工智能随处可见，改变着我们的生活。人工智能之所以取得巨大进步，既得益于计算能力的指数级增长，也得益于传感器与物联网获得的多维度数据价值。如果没有计算能力和数据分析的进步，基因测序就不可能成为现实。同理，要是没有人工智能，高级机器人就无从谈起，而人工智能本身也高度依赖计算能力。大数据与人工智能相伴相生，催生出许多曾在科幻小说中才能看到的创新成果。

而技术与数据，究竟以何种底层逻辑，驱动着第四次新物种爆炸的不断深入？

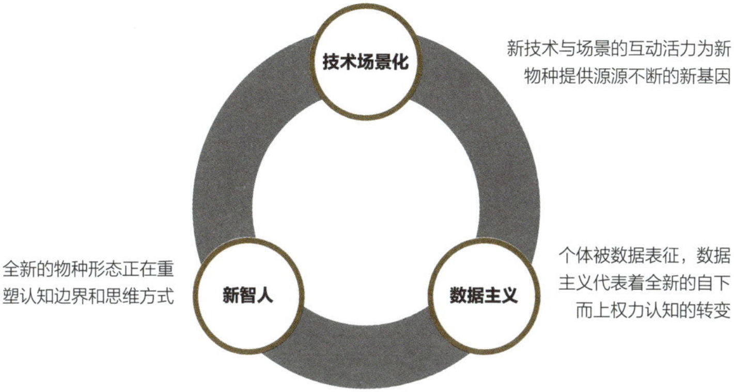

第四次新物种爆炸不断扩张

技术场景化

新技术并非新物种，但新技术是推动新物种形成的先导因素。其中新技术并非特指单一技术，也可能是技术的组合。那么，机械性的技术如何被赋予生物性而成为新物种呢？物联网、大数据、智能芯片等一系列技术是如何连接、生长、蔓延为新物种的？

新物种关乎新事物和新生命的创造，每一个新物种都是新技术和新解决方案的糅合。必然有超出技术之外的事物创造了新物种的生命基因，那就是混合技术逻辑性建构的应用场景。新物种爆炸时代，绝大多数应用场景源于新技术，这些新技术提供了新物种产生的解决方案与机会。如同今日头条营造“你关心的才是头条”新场景正是由大数据算法驱动而成，顺丰的 AI 转型来自于智慧地图与智慧包装等决策需求，没有微软的云办公软件就没有 Azure 云服务。

新物种首先是场景表达，之后才是模式建构。应用场景为新技术向新物种转化提供动因或需求，强化后的场景会释放出许多新的可能性。共享单车作为新物种，不仅满足最后 1 公里的通勤，也构成物联网基础设施的可能性；京东作为上一代新物种（电子商务）的迭代，正是凭借人工智能技术的新效率场景建立。

新技术的应用场景已成为商业基础设施，成为孕育变化与可能性的新土壤，即新技术与场景的互动活力为新物种提供源源不断的新基因。亚马逊推出 Dash Button，看似 U 盘的物联网购物按钮，通过小配件结合 Wi-Fi 网络，切入新场景，将线上和线下购物形态结合。这也是在 Amazon Book 实体书店和 Amazon Go 之后，亚马逊又相继推出 Amazon Fresh 和混合超市的原因。

类似亚马逊、阿里巴巴、京东、腾讯这样的公司，能够不断引领创新之先，正是因为它们具备新数据的获取能力与应用场景的建构能力，随之拥有了孵化新物种、连接新物种、改造新物种的生态价值。它们具备效率的提升能力，深度的连接能力，持续的数据供给能力和饲养能力，这些能力是激发新物种的进化要素。平台型乃至生态型的公司通过开放完成连接，进而赋能，也就有了孵化和催生新物种的可能性。

¦ 数据主义

以大数据和人工智能为核心的众多技术集合，使世界成为一个包罗万象的数据系统，催生新的意义系统——数据主义。因此数据是基础资源，而数据主义是新物种时代的信仰，它代表着全新的自下而上权力认知的转变正在发生。

正如农耕社会的“神权主义”，工业社会的“人权主义”，互联网社会“个体主义”盛行。人工智能正在创建全新的信条，即大数据与算法的权力合理化。最好的解释便是“数据主义”提出者尤瓦尔·赫拉利的阐述：权力和权威正在从人类转移到算法、转移到人工智能，而人类却毫无知觉。

因新物种爆炸而飞速扩张的“数字世界”，不仅日益外化为客观物质世界的“镜像”，而且正越来越多地包含着对人类自身行为的追踪和记录，成为人类观察和认识自我的一面镜子。二者的相互关系形成一个有趣的悖论：由大数据构筑而成的数字世界，在日趋脱离客观物质世界的同时，又越来越接近世界的本原——由此，人们在解码虚拟世界的同时，也在一定程度上改变着对世界的看法，打开了方法论乃至价值观与世界观的新视野。

事实上，持有数据主义世界观的“信徒”将整个世界视作一个数据流，任何事物的价值判断都由它对数据处理的贡献所决定。正如自由市场资本主义者相信市场无形的手，数据主义者相信数据流无形的手。当全球数据处理体系变得全知全能，接入这个系统就成了一切意义的来源。以风头正劲的自动驾驶为例，判断自动驾驶的实力，除芯片研发外，主要是接入数据的能力：福特收购众包服务商 Chariot，通用选择与打车应用 Lyft 合作，沃尔沃与优步合作，雷诺—日产收购法国软件开发公司 Sylpheo，特斯拉选择英伟达，宝马与英特尔、百度、Mobileye 合作，奥迪选择与德尔福深度联姻，都是为了构筑新的数据能力。

¦ 新智人

人类从数据主义的意义系统中浮现，不断创造与塑造自己，并且决定哪种新技术会融入自我。如果说智人代表了既往自然人的优化、选择和胜利，那么被技术赋能的自然人、生物机器人和机器人所代表的全新物种形态——“新智人”，正在重塑我们的认知边界、思维方式、商业生态和游戏规则。

自 2013 年《牛津词典》收录“selfie”（自拍）一词后，奥林巴斯、iPhone、拍立得、Instagram、黄油相机、美图共同壮大了伟大的美丽新品类。2017 年 4 月，伦敦萨奇画廊举办了一场主题为“自拍”的展览，希望让人们相信，自拍和梵高的自画像一样可以成为艺术品，因为自我表达正在成为时尚最重要的动力，也是这个时代蓬勃的社会文化主题。美丽新智人就是这样诞生的：直播、PS 修图、短视频工具、网红、微整、快美妆、街拍、自拍无人机，一系列意味深长的美丽生态要素构成新的物种样式和自生长的勃勃生机。

新颜值推而广之，牛油果、味觉大师、轻断食、滴答清单、Everlane、造作家具、小白鞋、Ace Hotel 都是新的正义表达和分享标签。

与“自拍”及颜值管理相得益彰的是社交网络的发达，没有社交网络 ID，颜值了无意义。同时，自我表达经由连接网络的崛起在内容付费的风口里也同步表现为得到专栏、知乎 live、分答小讲和喜马拉雅小学问，新的人格就是吴晓波频道推出的企投家和许知远的《十三邀》。

数据化带来的新生活还包括量化自我。很难设想，如果没有 Keep 或火辣健身、悦跑圈，马甲线会否成为热词，中国市场能否成为露露柠檬（lululemon）的瑜伽新增长。在小米手环出货量全球第一的背后，是朋友圈跑步的方兴未艾。如果没有糖豆 App，广场舞就不会完成真正的互联网 +。

以色列外骨骼机器人公司 ReWalk 和美国 Ekso Bionics 公司生产的产品可以让下肢瘫痪病人从轮椅上站起恢复行走；而伦敦大学和西班牙专家合作的小规模临床试验表明，VR 技术有助于缓解抑郁症患者的症状，这个革命性突破大大缩短了 VR 技术在医疗领域的实际应用进程；以碳云智能、华大基因、23andMe 为代表的基因检测和研究公司正为基因编辑技术完成广大的消费者启蒙。

新技术和人的认知升级作为新物种的原动力，推动生态持续迭代、进化与异化，形成生物多样性不再是小概率事件，新物种爆发的时代已经来临。它不仅表现为新的产品、新的技术，更表现为新的组织管理方式、新的商业模式和新的生态思维。我们列出了下面 24 个公司和品牌，看看有哪些值得关注的新物种样式，正在快速走进并影响我们的生活：柔宇科技、图漾科技、旷视科技、Allbirds、商汤科技、小米之家、MARVIS、Farfetch、森田药妆、Prisma、Waymo、科沃斯、石墨文档、乐刻、Rokid、超级物种、TakeGo、乐纯、Houzz、星客多、连咖啡、闪送、栋梁、MUJI Dinner。

第一部分

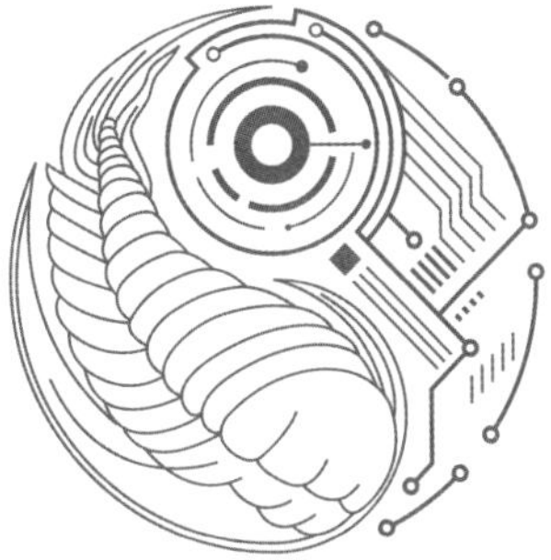

商业新物种核心要素

新物种爆炸

X SPECIES

第一章 意义覆盖

智能语音设备爆发的同时，为什么问答产品成为新入口？从茑屋书店到茑屋家电为什么不是设计驱动而是数据驱动？意义覆盖从底层逻辑指明新物种方向，是用户心智变量的迭代式升级，也是互联网商业演进逻辑。

技术、模式、用户的共创赋予新意义的变异和生成。

知乎和百度知道之后的问答

智能语音设备的兴起，和便携式蓝牙音箱的风潮一样，在情理之中，又猝不及防。2017 年 6 月，苹果全球开发者大会上，HomePod（苹果推出的内置 Siri 的智能音箱）致敬亚马逊 Echo 智能音箱，标志着几乎所有的大玩家都已悉数进场。智能问答因创造具体场景的天然优势备受 AI（人工智能）应用追捧。

中国的京东、阿里巴巴、联想也相继推出智能语音终端设备

更简洁的人机交互被认为是电商的方向，也被定义为搜索的方向。搜狗 CEO 王小川认为，“输入法会变成智能对话系统，搜索的未来是一个智能问答系统”。事实上，在信息流趋势面前，搜狗、今日头条、知乎、腾讯、百度注定有了更多的交集，而阿里巴巴、

京东和什么值得买、公众大号之间，也首度价值观趋同。分答之后，各种具体和独特的问答场景并未被广泛商业化开掘，一方面是类分答的互联网产品功能成为标配，另一方面是以智能家居为典型应用场景的举步维艰。但是，算法驱动的今日头条在加速视频全系列（西瓜视频、火山小视频、抖音短视频）布局之余，于 2017 年开始重点发力问答产品，“头条问答”更名为“悟空问答”作为独立品牌发展，问答社区初具雏形。同期，微博问答也方兴未艾，与小密圈和分答小讲一起成为知识网红重要的变现工具。

语音、问答的再度崛起不是昙花一现，碎片化的移动场景需要化整为零的解决方案——轻量、便捷、伴随，所以音频付费和问答产品凭借场景优势迅速脱颖而出。如果辅之以语音识别、机器学习、图像识别，让连接更快速，也让交互更有效，智能内容分发的第二个春天必然很快到来。这是腾讯在组织架构端重新部署兴趣阅读产品的重要原因。电商交给京东，搜索交给搜狗，短视频交给快手，为什么没有复制在资讯分发赛道？天天快报与腾讯新闻客户端重组后以问答作为全新产品测试形态，恰恰代表了腾讯对于 AI 入口的认知，在力度上丝毫不亚于百度对智能内容分发的重视。加上阿里巴巴之于 UC（优视）的厚望，今日头条在 BAT（百度、阿里巴巴、腾讯）的重重包围下，到底以短视频明修栈道，还是以问答产品暗度陈仓？

最应重视这场问答大战的毫无疑问是知乎。知乎的竞争对手不仅是得到和喜马拉雅，与内容付费的商业细分相比，更大的可能是其他以问答形式准备进入人工智能赛道的重量级玩家。今天的问答早已不是百度知道的问答，更接近百度贴吧和今日头条，而更加跃跃欲试的智能问答已经近在咫尺。知乎作为最早定义用户和场景关系的问答社区，需要更加深入理解 AI 时代的新内容游戏规则——知乎有机会，但必须完成自身的意义演进，这也引出了一个新的商业概念“意义覆盖”。“意义覆盖”既是用户心智变量的迭代式升级，也是互联网商业的演进逻辑，在此逻辑下发现与评价商业新物种可创造的能力。

大数据能力推动的书店升级

坐落于东京代官山的茑屋书店虽然作为全球最美书店被刷屏，但对于茑屋书店及其所属 CCC 株式会社来讲，这其实是利用大数据分析后针对中老年客群的定位和设计，只不过在消费升级攻略中无意间成为打卡标配。而遍巡各种在地性的茑屋书店，最新的打开方式应该是在银座 GINZA SIX ，拍一张代表极致工艺的日本刀，或是近距离翻阅原作再现式的 BIG BOOK，抑或品尝一杯 Nitro Cold Brew Coffee（含氮冷萃咖啡），感受犹如精酿啤酒一般的细致泡沫。

代官山茑屋本意为中老年人量身设计

2015 年 5 月开业的茑屋家电，位于东京市郊世田谷区的二子玉川，是创始人增田宗昭对体验时代新零售模式的又一次探索和尝试。茑屋家电形式上是“家电”与“书店”的跨界，实质是以“生活”代替“家电”的生活方式提案。走进茑屋家电，厨具区里摆放着美食图书以便随时挑选书中的产品，跑步机就在健康类书籍区旁边，随手拿起的皮肤护理仪和美容小家电旁边就是真实的美容中心，家居设计杂志和咖啡机摆放在一起，介绍手工啤酒 DIY（自己动手做）和世界啤酒文化史的图书旁边是英国精酿厂牌 BrewDog IPA，买完啤酒即可在沙发区坐下品尝。茑屋家电有真实的客厅、厨房、阳台，苹果、Emmi-dent（艾美格）、LIEBHERR（利勃海尔）、

场景化提案特色见长的茑屋家电堪称全球零售地标

BALMUDA（巴慕达）、Hasselblad（哈苏）等世界知名电器品牌一应俱全，网红神器 LG 衣物护理机器即时体验，东京市内基本处于预订状态的 Vermicular 电饭锅现货供应。“家电是聚集新科技的地方，拥有改变生活的可能。”书恰恰在这里回归为最重要的角色：书籍本就是世界的说明书。这个说明并非简单的感性设计，而是根植于理性的数据沉淀。比数据重要的是感性，但没有基于大数据的企划力，今天茑屋书店的逆袭就无从谈起。

回顾茑屋的发展历程，增田宗昭的每一次创新，都是利用大数据能力完成意义覆盖。1983 年的“茑屋书店枚方店”意义覆盖了传统书店，录像带、DVD（视频光盘）、图书的一体化销售，提供的是更为完整的内容消费方案。2011 年的复合型文化空间“茑屋书店代官山店”意义覆盖了过去的茑屋书店，围绕用户体验以内容提案的方式重构书店空间，接近阿里研究院关于新零售的定义。2015 年茑屋家电是更彻底的意义覆盖，从“内容提案”到“生活方式提案”，代表着基于内容连接能力的全新体验形式。在 CCC 株式会社的组织架构中，以 T-CARD 会员体系和 T-POINT 积分体系运营管理为核心的大数据提案部门，作为 CCC MARKETING（市场部），不仅支持 TSUTAYA（茑屋）、CULTURE ENTERAINMENT（娱乐事业部）和 CCC DESIGN COMPANY（设计部）等三个部门的业务，本身也是重要的盈利单元，同时还会以数据分析能力推动新产品的迭代和研发。

意义覆盖不是线性的技术更新和效率提升，其本质是用户心智变量的迭代式升级，是生活方式层面完成的用户心智占领，即意义覆盖必然以用户认知升级和体验满意度为唯一标准。怎样准确挖掘用户心智变量的升级？增田宗昭的回答是围绕大数据能力所生成的提案能力，其含义正在于，形成用户用以彰显消费态度的意义标签，是能够完成意义覆盖的重要指标，但这个指标又来自数据沉淀的企划力。CCC 拥有最具价值的资源——掌控消费者数据的 T-CARD。目前其活跃用户约占日本人口总数的一半，通过 T-POINT 积分支持着几乎 CCC 推出的所有策划。T-POINT JAPAN 的股东包括 CCC（50%）、靠新闻门户和电商在日本仍有巨大市场的雅虎（17.5%）、日本三大电信运营商之一的软银（Softbank）（17.5%）、日本便利店巨头全家（15%）。这四家企业本身拥有庞大的用户，之间既有重合又有互补，通过从日常生活消费行为出发巧妙设计的积分规则，在日本竞争激烈的积分卡市场杀出重围，持续吸引并高度黏合消费者，也积累了极具价值的数据资源。T-CARD 拥有 6000 万用户，他们的消费记录会用 300 个媒介变量进行分析，从多样化的消费记录分解进而把握整体事实，这不仅是用户画像方式，也是企划体系“选择”与“推荐”能力的依据，最终这个依据成为 CCC 的核心竞争力。

意义覆盖是新物种的存在方式

意义覆盖很多时候被理解为大家熟悉的消费升级，消费升级的实质是认知升级。认知升级，更强调用户本身的进化。在当下，智能设备和人、社交网络和人、技术和人的关系正在推动人本身的进化，全新商业场景下的用户已经与传统概念上的消费者截然不同。“人”本身发生了变化、进化、异化和云化，商业模式因此发生了本质性的位移，而这种位移同时为新物种的孕育提供了另一种可能和土壤。

YY（欢聚时代）的发展正是响应用户进化的产品迭代体系。如同茑屋，YY 的存在一直是不断刷新的过程。2005 年，多玩游戏网诞生，极具特色的公会体系、强大的多玩论坛和专业游戏资讯是其作为重要游戏门户的核心价值。2007 年，多玩为满足游戏的 IM（即时通信）需求，开发语音软件 YY，语音成为重要的 YY 标签。2010 年，YY.com 正式上线，同年 YY 语音推出手机版本，

欢聚时代产品地图

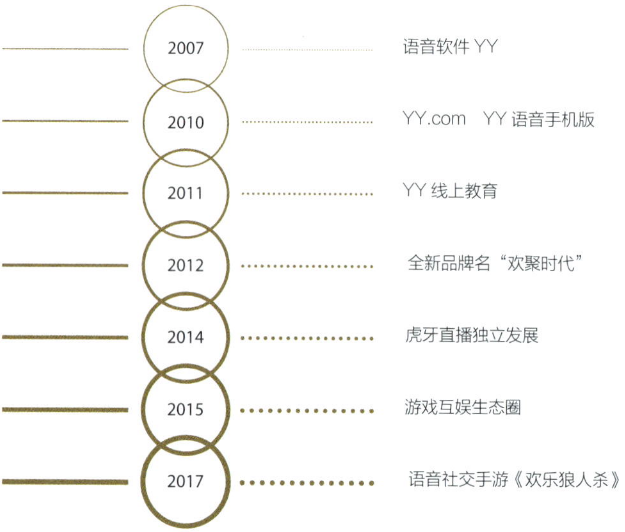

YY 基于“人”的意义覆盖路径

率先布局移动。2011 年，YY 教育频道上线，开始涉足线上教育。2012 年，启用全新品牌名“欢聚时代”，多玩游戏网和 YY 语音作为产品品牌沿用下来。2014 年，虎牙直播独立发展，聚焦游戏直播。2015 年，打造游戏互娱生态圈，全面打通游戏、通信、音乐、视频、教育 5 大产业。2017 年，推出游戏社交平台“欢乐狼人杀”。YY 不能简单被理解为直播、游戏、音乐或是教育。因为它的每一次新品发布都能够从用户出发，去融合和覆盖既有产品。YY 每轮品牌升级都是一次自我迭代，也是之于用户心智的成长和陪伴，它无意中贴合这个时代“人”的变化需求——“想要未知的疯狂”。

游戏、直播、小视频，在围观与讲述的时间轴中，类似 MC 天佑的人格被确认，“喊麦”也不再作为亚文化被分辨，如同照片分享应用 Snapchat 和 Instagram 的“Stories”（故事），故事陪伴我们成长，本身就是最重要的意义覆盖过程，也是新物种的生长和存在方式。

什么是今天的时尚和流行？时尚早已不再以品牌、价格为标识，而是以事件、KOL（关键意见领袖）、剧集和社交文案为标志，流行被塑造成更为小众、更内容化的事件，就如“王子文同款妖精色”，短短 8 个字的文案代表的恰恰是人格化、话题性、社交符号属性的新话语体系和新流量能力。唯品会不再是创办之初的折扣电商平台，在用户进化的需求中，“聪明消费”反而是唯品会更被认同的价值观所在，“全球精选，正品特卖”因此成为它的新主张。

因为新的用户需要和新的流量能力，商业新物种正基于新生活方式形成意义覆盖。估值 310 亿美元的 Airbnb（爱彼迎）的对手早已不是希尔顿、洲际抑或喜达屋，而是优步和脸谱网。当它从短期出行产品迭代为更为完整的出行解决方案后，便开始了爆发式增长。Airbnb 创造了全新的品类，以轻资产运营，不拥有一间客房，平台房间数量却超过了世界上任何一家连锁酒店集团。出行短租产品是它的切入点，极致化的美学产品是它的进阶爆发，品类的独占是它的价值所在。从全球房东大会推出的“Trips”，到不久前在中国市场上线的“故事”功能，Airbnb 完成了从覆盖酒店到覆盖旅行社的过程，甚至正在试图成为内容和社交平台以覆盖脸谱网。如果脸谱网坚决地走向虚拟现实，那么未来谁会替代今天脸谱网所定义的社交网络呢？ Airbnb 的“故事”和“全球房东”这样看上去非常年轻、冒险、充满内容力的标签，会成

Airbnb 全球房东是 Trips 的产品线索和内容来源

为 IP 和新的本地化社交品类。定位于“生活在别处”的美食、导游、购物、社区关系、城市猎人等价值类型，构建全新的旅行分享、消费指南、人格买手等内容，这样的 Airbnb 当然有机会逆袭脸谱网，成为本地化的共享型社交网络。对比脸谱网 4000 多亿美元的市值，Airbnb 的估值何止 310 亿美元？这就是意义覆盖所形成的估值模型推演。

商业模式的意义覆盖是新物种的迭代标志。同样以“短租”作为连接入口的途家，也早已不仅是短租平台。短租、长租、B2C（企业对消费者）、C2C（消费者对消费者）、房地产信托这些固有的形态都被融合与聚合。途家打通途家、蚂蚁短租、携程、艺龙、去哪儿、58赶集等8个消费入口，同时面对旅行者、经营者、置业者和区域政府机构四个角色提供服务，正在对旅游行业甚至经营性地产业实施意义覆盖。2017年3月，途家推出新系统“VaShare”，一个基于所有权共享模式的预付费会员度假服务及交换体系，表达了途家对于共享经济模式本身的探索。途家联合创始人兼CEO罗军多次提出“‘分享经济’是‘共享经济’的下一站”，共享经济靠的是大量资本、大规模流量和交易，分享经济会更依靠社交和互动。“分享经济”是否有机会意义覆盖“共享经济”尚未可知，但途家推出微分享这种社交货币型产品，却是实实在在的意义覆盖能力。

技术覆盖是意义覆盖的基础动力

物联网、大数据、社交网络等一系列技术和应用将彼此孤立的价值点不断连接、创新、生长、蔓延，成为线状或面状，甚至是多维的网状结构。技术本身的糅合性和互联网改造所有产业的必然性，让产业的价值模式发生范式转移。纵观技术变迁，每次技术更迭都创造了全然不同于过去的消费精神和用户行为。技术覆盖是意义覆盖的基础动力，意义覆盖很大程度上依赖于技术进化引领的用户行为进化、生活方式进化，是人们对生存意义一次次的升级。譬如设备数字化所引发的工业4.0，协同组织管理的柔性化，推动了韩都衣舍公司的一次次升级——淘品牌到互联网品牌到服装品牌孵化器再到时尚云平台，也让大规模定制落到实处，如世纪开元印刷电商的柔性生产。我们甚至可以看到，近年来时装领域备受争议的“即看即买”式办秀，也是因为社交网络的发达——到底是可望而不可即的美感重要，还是所见即所购的体验更重要？

医疗美容还是微整？更美App发布的白皮书称，中国医疗美容市场2016年交易额达7963亿元，预计2019年达到1.376万亿元。一面是微整技术的兴起与加速完善，一面是年轻人的认知变化：整形给网红与明星带来的巨大经济效益堪称美丽改变命运。传统30岁以上目标人群的医疗美容市场正扩展为年轻纪录不断刷新的全新消费结构，微整正在成为更加随机性的生活方式。社区电商美黛拉、新氧尝试线下空间化，线下整形机构伊美尔、联合丽格尝试互联网社群化，都意味着医疗美容新零售时代已经拉开了帷幕。可以预言，2018年或者更早，各种类型的小而美微整空间与巴黎贝甜、星巴克比邻而居，会成为开放式街区的新常态，堪比瑞尔齿科和佳美口腔2010年的连锁复兴。

大疆 2017 年新发布的掌上无人机会收割口袋无人机市场

技术的发展已经为日常生活与商业组织提供了数不胜数的意义覆盖可能性。谷歌 I/O 2017 开发者大会，宣布谷歌将从移动优先（mobile first）转向人工智能优先（AI first），AI 对于谷歌有多重要，它的域名不是“ai.google.com”，而是集研究、工具、应用于一体的“googlc.ai”。海尔发布全新扫地机器人和智能控制应用 App 塔塔家，在塔塔家中增加可视化地图，按照自身要求制定和调整清扫路径。大疆创新 2017 年发布的“晓”Spark 掌上无人机，开启用手势即可控制飞行的全新人机互动方式。在以数据为生产资料的 DT（Data Technology）时代，生产数据的能力越强，想象空间和创造能力也就越大。DAFNI 陶瓷健康靓发梳怎样在打理头发时一梳就直？关键是实现打理头发的最佳温度，通过计算机精确的算法，DAFNI 温度被恒定在 185 摄氏度上下。这种类似的新品类还包括科莱丽洁面仪、ReFa 双球滚轮美颜美容仪、露得清细白焕采光面膜美容仪等。所以，新技术永不会消失，它正等待下一个时代的爆发——如同 VR 和图灵测试。

反消费的意义覆盖

作为新物种的意义覆盖常常表现为立足认知、技术、效率、体验完成的消费升级。然而新物种的特征，还表现为个性化和多样性的被尊重和放大，不是一切的新、奇、快都被所有人追捧，正如手作的反效率，反智能手机的反技术，意义覆盖也常常会表现出反传统商业与反消费的特质。

罗振宇访谈罗永浩，两个头部 IP 以《长谈》为形式创新，八个半小时的超长对话一反碎片化时代的内容传播形态，让时长本身成为连接强度和现象级关注，就是对传统电视和视频节目的意义覆盖。一周只卖一册书的“一册一室·森冈书店”创办人森冈督行和团队每周精选出一本好书，再根据这本书构建主题，策划一系列相关的周边、展览、活动。森冈督行认为：“给你无数选择，而你最后也只会拿起其中的一样，与其把浩如烟海的书堆在你面前，还不如只推荐你读一本书，一周的时间，足够你好好读完，你会与书本、与作者、与书中相关的一切产生最深切的联系。”森冈书店组建“搜索”团队，把时间和精力放在系统化和专业化的调研上。搜集用户社交数据、分析到店用户的读书兴趣，同时深度阅读大量书籍，综合出版社和其他书店销售信息，由此推选出用户可

“可能是人类电视史上最长的一次访谈”这个形式就是最大的内容

能感兴趣的书籍和他们认为值得推荐的图书。理想主义的初心背后，是标准化的数据采集、尊重个体的调研方式和专业的内容企划力。看似反消费的商业模式，恰恰是 C2B（消费者对企业）的路径，是仪式感体验的极简和极致，是用户的心理唤起和情绪设计，所完成的是对传统图书平台模式和传统供应链体系的意义覆盖。

同样，反智能手机的出现给被信息洪流裹挟的人们以可选择性，并非否定智能手机。因为技术的存在是人类追求效率、探索未知的必然，它只是某些生活片断对智能手机短暂的替代，真正意义覆盖的是彻底的碎片化生存。反智能手机所解救的是逐渐被技术驯化的现代人。

反消费意义覆盖指向的是商业思维、商业逻辑的 B 面。但 B 面是否成立，在于场景的真实性，即需求是否真实存在，更在于商业想象力的可延展性，它决定了未来商业价值的可能，正如一本书是完整生活方式提案的企划内容，精酿啤酒的小众带来的是个性化表达的满足感和社交态度，“少”与“小”撬动的恰恰是“深”与“精”，是内容力的深与精，是连接能力的深与精，同样也是模式架构的深与精。

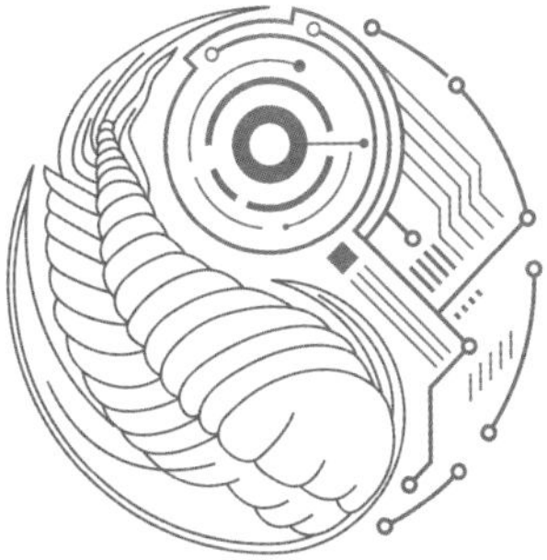

新物种方法论

与漫长的商业进化史相比，新物种太过年轻、脆弱，但新技术、新连接、新审美给了我们史无前例的新物种机会，在与巨大不确定性共舞的转型期，所有的产品能力、商业形态乃至组织形式最为激烈的改变恰恰打开了这个时代最为正确的管窥视角。用新的意义观理解商业文明的进步，即使优步风云变幻、野蛮生长，它也是生而伟大的创新物种。Netflix（网飞）何曾想到，作为 AWS（亚马逊提供的专业云计算服务）最重要的早期客户，帮助亚马逊赢利的重要功臣，却在流媒体内容领域拔刀相向。Amazon Studios（亚马逊电影工作室）出品的《海边的曼彻斯特》斩获第 89 届奥斯卡最佳男主角和最佳原创剧本奖项，将竞争对手 Netflix 和 Hulu（一家美国视频网站）抛在身后，足够意味深长。

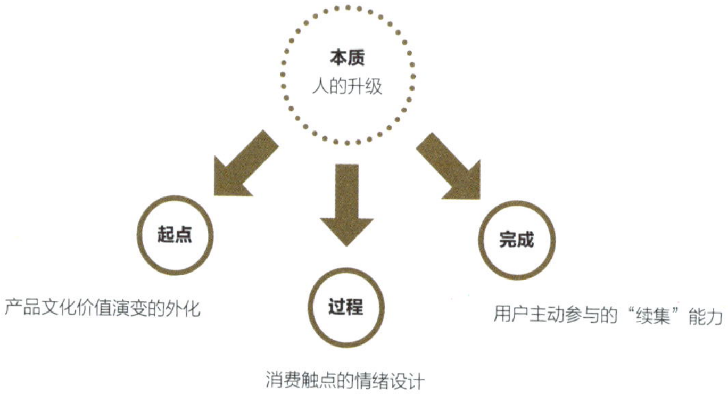

用新的意义观理解商业文明的进步

意义覆盖的起点，是产品文化价值演变的外化

意义覆盖中“意义”的本质在于，产品价值演变的外化同步也是文化价值演变的外化，而文化价值的本质是提供用户完成意义表达的独特标签。《深夜食堂》不是图书、电影、电视剧，甚至不是美食治愈系，而是个体孤独感的情绪。在传统珠宝业功能化与材质化越来越难以为继的今天，“公益星设计”以跨界的设计感语言重构珠宝业，是珠宝消费升级的态度精细化。正如文身贴纸在美容美妆、时尚品牌、奢侈品等领域的再度流行，不再是作为亚文化的表达，而是因为对超级个体的推崇成为主流——文身作

为个体表达完成了主流文化价值的确立，如文化历史学家克里斯蒂·罗森所说，“在如此强调个人主义的时代，我们的标记和修饰并不会被视为某种异端，而单纯被视作一种个人表达而已”。

¦ 意义覆盖的过程，基于消费触点的情绪设计

意义覆盖能否完成对用户心智的重新占领，在于能否敏锐地从社会语境感受到微妙且汹涌的时代情绪，并准确定义产品在实际场景的用户情绪。

欧舒丹 Café 选择南京德基广场作为中国第一站；悦诗风吟旗舰店 DIY 咖啡馆，既可享受咖啡甜点，又有护肤课堂、DIY 制作护肤品等互动环节；香奈儿开设快闪咖啡店（Chanel Coco Café）专门设置拍照区，Line 配合快闪活动发布表情包，甚至还有女生仅仅为了与香奈尔的闪亮 logo 拍照而排队等候。新业态咖啡馆对财报的贡献，在于显示和证明品牌能够占据更多的用户时间，被拉长的消费动线可以提供足够的情绪流动，这种触点意味着电商与实

体零售的界限通过社交网络与快闪的媒体属性消除。知乎作者“菠萝斑马”在逛完茑屋家电后有感而发：UMA 音响照明两用灯旁边摆的是《停电的夜》和山尾悠子讲“冬眠者”的幻想小说，简直让人开始向往停电。

意义覆盖的完成，来自用户主动参与的“续集”能力

何为续集？是《速度与激情 8》，是《星球大战 8》，是《权力的游戏》第七季，是 iPhone8，也是望眼欲穿的 5G，一方面是迭代习惯的养成，另一方面是对更新更好的追求与覆盖。

得人如得鱼，意义覆盖的完成最终依赖于用户的参与和反向定义，以重度用户、超级传播者为中心来共建、共创“续集”，从而形成最高效率的意义覆盖。Instagram 取消最具标志性的正方形图片尺寸，背后深意在于提供给用户更加不受限制的内容表达方式，通过分享加强人际关系体验，以完成图片和视频作为全新社交语言的信息流人格记录。等待软件升级，等待重大更新，等待发布会，等待网易云音乐的评论——歌单时代到来了。

意义覆盖的本质来自人的升级

越来越多的科学家相信，人的心智是计算性的。DeepMind 创始人，也是 AlphaGo 的总设计师德米斯·哈萨比斯的思路正是如此：一步步识别大脑中的各种运算法则，然后在机器上模拟它们。纳米科技、生物科技、基因编辑、信息技术、认知科学，每一种技术都赋予人类改造自身本质的能力，人正面对一次根本性的升级——从人类到后人类。如哈佛大学天文学教授迪米塔尔·萨塞洛夫表达的那样，“我们必须开发人工智能系统，以机器与生物的混合体形式，实现对地球式生命周期的超越”。在这个维度上理解意义覆盖，我们才会得出新智人作为新物种最重要形态的结论，不仅是事实，更是我们解释万物更新的钥匙。

新物种爆炸

XSPECIES

第二章 反经验

孙正义为什么对经验不屑一顾？大象公会何以脱颖而出成为文案范本？《时间的朋友》跨年演讲如何收视冲高？商业活动对经验的依赖越来越不奏效，随着商业生态与互联网基础设施的变化，反经验成为创新之始，跳出经验、打破惯性、不符合逻辑，才能真正有机会触碰到新价值生长的破局点。

从经验到反经验

《大话西游》《悟空传》重构《西游记》，盲盒重构手办，“文具博物馆”般裹挟着人人变身手账控的伊东屋重构文具店……这一切，都是反经验对经验的重构。

经验从何而来？答案是历史实践。但从历史实践习得的知识或技能，仅仅是存量认知来源。传统商业对经验的依赖，表现为满足普适性需求以获取更大数量用户，尽可能抢占主流市场的商业模式。

文具控是生活方式，更是空前扩张的新品类

大规模的工业化生产、超广度的媒介投放、策略多样的价格战共建以产品为中心的消费繁荣。但随着商业环境与互联网基础设施变化，喧哗背后是越来越多的无效连接——所谓无效，是品牌与用户并没有形成源自价值观认同的情感连接。

变化始于数据成为基础能源与核心资源。对一切消费行为不再是经验描述，而是数据的算法，每个点击、每次浏览、每一动线、每步运动，甚至超越心率的无意识都成为独特数据被收集、计算，逐渐累积的不仅是个人的消费数据档案，也是互联商业展开的源动力。以数据为基础的智能商业时代让经验逐渐祛魅。

互联网新世代个体意识的崛起也推动着新商业时代的反经验。我们追求的不再是趋同的“大众流行”，而是独特的“小众自我”，是主动寻求个性化标签的意义消费——与其更好，不如不同。个体表达的差异化，因价值观认同而寻求的归属感，在万物互联的连接效率下不断聚合沉淀成一个个新的社群。亚文化社群持续的文化沉淀必然需要独特的产品形态承载，人与产品的交互逐渐形成了根植于亚文化的新品类，这是群峰并起的商业逻辑。

经验在新商业逻辑的展开中失效，反经验以对经验的反向思考成为创新前提，成为新商业文明模式重构的基础，改造商业新物种进化的基因。

纳西姆·尼古拉斯·塔勒布在《反脆弱》中写道："风会吹灭蜡烛，却能使火越烧越旺。伴随波动性、随机性、混乱和压力成长的特性，就叫反脆弱性。"所谓反脆弱，并不是反对脆弱，也不是"所有打不死我们的都会让我们更坚强"的朋友圈心灵鸡汤，而是在充满变数的时代，在未知、强压、迷茫中不仅能维持生存，更能从不确定性中获益的能力。同样，反经验也不是反对经验，而是对经验保持一定距离的警惕。经验也许正确，但往往是无用的正确，脱离当下商业条件与要素的自洽，金科玉律也极易溃不成军——易到在专车大战与格瓦拉在互联网票务大战中的遗憾，对"小而美"的朴素思维不亚于迎头一击。新物种爆发时代要拥有真正可持续的竞争力，必须跳出经验束缚、摆脱路径依赖，站在未来看现在，以新想象重构商业游戏规则。

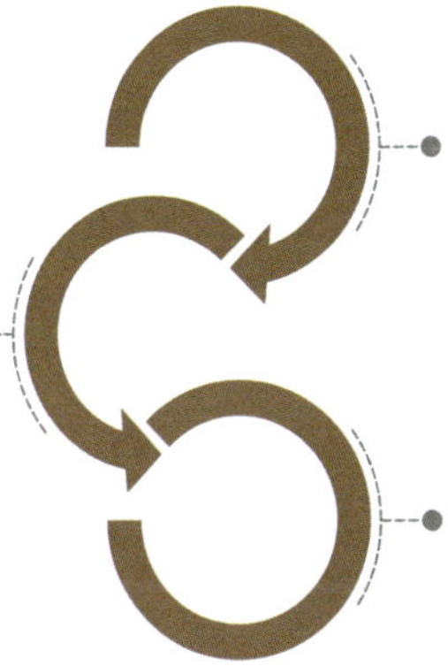

从经验到反经验

站在未来看现在

开创性的思考皆是立足于未来，从对所谓经验法则的怀疑与反驳开始，所强调的是认知升级、技术升级、效率升级如何影响未来发展的超凡洞察力。其跨越S曲线寻找到新价值网破局点的精准判断力，也是更加决绝的商业认知迭代能力。

面向未来的反经验投资者孙正义，貌似“不惜代价的赌徒”，与埃隆·马斯克并称为投资界和实业界的两大狂人。仔细梳理孙正义的投资脉络，发现他做决策最重要的原则，就是“站在未来看现在”——这与巴菲特构成了鲜明的差异。

1999 年，孙正义与马云第一次见面。马云给孙正义宣讲的核心是利用互联网改变商业与贸易。孙正义没有过多询问阿里巴巴的商业模式、管理团队和市场竞争，而是讨论电子商务是不是未来。孙正义据此决定投资阿里巴巴 2000 万美元。孙正义草率吗？当时看也许是。但当 2014 年 9 月，阿里巴巴在纽交所上市，软银所持股份价值暴涨至约 580 亿美元，谁都不敢再说这个疯子草率。

2006 年，孙正义拜见乔布斯，希望由软银在日本独家代理发售 iPhone。没错，孙正义一度疯狂看好移动通信运营商，相信是趋势和入口，所以只要与移动通信运营入口相关的机会，他定要不惜代价抓住——无论是用全部身家购买当时“即将沉没”的日本沃达丰，还是收购美国移动运营商 Sprint 后面临巨额亏损。

2016 年 7 月，孙正义斥资 320 亿美元收购英国芯片设计公司 ARM。这一次，孙正义看准的未来是人工智能。他坚信奇点一定会到来，在未来的 20 到 30 年内，人工智能才是核心价值。为收购 ARM，孙正义在两天之内迅速处理了所有现金流业务：减持阿里巴巴股票，甚至将现金牛——软银旗下芬兰手游公司 Supercell 的全部股份出售给腾讯。把唾手可得的利益全部拿来投资不确定的未来，这样的行为自然不符合传统投资逻辑，但却极其符合孙正义的优秀赌徒思维：all in（全身投入）崭新的时代，而非在时代的缝隙里闪跃腾挪。

孙正义的纵情向前因高风险而有头部受益

不得不承认，真正推动时代发展的都是不被世人理解的疯子，被争议是立足未来的创新者必然要经历的。新物种的使命就是要用对未来的判断撬动现有的经济结构、打破其结构平衡，才能推动经济的实质性发展。站在未来看现在的思维实质是非线性能力，就像爱因斯坦的那句忠告："如果一个念头刚开始时不显得荒谬，那就彻底没有希望了。"

重构理性直观与传统经验

反经验对理性直观与传统经验的重构，很大程度上是以大数据为能源和以算法为能力的新技术思维。以数字化定义个体，以新效率和新体验为核心构建新消费场景，理解新商业时代新物种进化的土壤，哲学家在硅谷的用武之地越来越大，也意味着价值观层面对商业模式设计的影响力越来越凸显。彼得·蒂尔的《从 0 到 1》、阿里巴巴首席战略官曾鸣的“从 0 到 0.1”和“精准商业”、京东首席战略官廖建文的“智能商业思考”都有类似的反经验价值。通过反经验的重构，最终带来的往往是全新的产品或服务形态，而更多的是看似回归传统但底层逻辑已经完全颠覆的反经验商业生态。比如，亚马逊连开的 9 家实体书店与那些曾经被它打垮的实体书店有何不同？

除了在营造舒适的阅读空间上独具匠心，亚马逊实体书店核心是以网店数据作为运营的基础，基于网店评分、预订、心愿单、实际销售等综合数据选品，同时在策展人和室内设计师的指导下进行既便于选购又符合视觉美学精神的陈列。此外，亚马逊 App 在实体书店中扮演了最为核心的中枢角色。书店每本图书下方都有黑色卡片，上面附有亚马逊网站用户对这本书的评分、书评以及重要的条形码，用 App 扫描条形码即可查询价格、查看评论、结

亚马逊几乎和京东、阿里巴巴在走同样的路：拥抱、赋能、融合线下

账付款，一键式购物带来更为便捷和人性化的线下购物体验。一个有趣的小细节是，亚马逊网店基于兴趣的个性化版块“猜你喜欢”也被巧妙运用在实体书店中，将店内的同类书以各种有趣的方式相连，引导读者去寻找，以延续读者在网上购书“关联推荐”的浏览体验。

线上数据是实体书店运营的基础，线下书店则以场景化完成体验升级，深度、社群化的会员机制承接着线上购书的迷茫和“空虚”。同时，实体书店对用户购买行为更具描述性、本地性的数据收集又能进一步丰富数据库的多样性和有效性，让精准效率与用户体验在预期管理中达成和谐的统一。

打破边界的线上线下融合，亚马逊实体书店早已“反经验”了传统图书零售。全数据化的新流量、新平台和新消费者，体验变革与技术升级的同步共振，线上线下一体化供应链体系，正是亚马逊书店所呈现的新零售形态。当当网、京东图书的类似动作同样可被总结为图书新零售，或曰图书数据新零售。

发轫于2016年秋冬时装展进而席卷2017春夏时装周的“即看即买”同样也是反经验的新零售形态。所谓即看即买，就是打破一直以来提前半年发布时装业设计、订货、生产、渠道的销售模式，而是反季节性，在T台展示后用户即可现场下单或快速预购品牌新品。Tommy Hilfiger正是凭借与潮流模特Gigi Hadid（吉吉·哈迪德）的即看即买合作起死回生——与Burberry（博柏利）、Tom Ford（汤姆·福特）等奢侈品牌的举棋不定不同，Tommy Hilfiger坚定拥抱了即看即买的品牌赋能红利。

即看即买的背后逻辑是什么？它是新消费场景，时装周以对消费者的期待管理打造了一触即发的仪式感，各大品牌在秀场展示中用尽浑身解数营造沉浸式体验，官网、门店、快闪店同步上新和限时折扣的吸引力裹挟着用户卷入购物的狂欢；它也是新的连接效率，即看即买让流量入口和承接机制无缝衔接，势能的集中引爆打法强势占据用户注意力，迅速转化为购买力和话题度，并在社交平台影响力的逐级扩散中对品牌形成反哺，这一系列动作都在即看即买的快速流转中高效达成。同时，从以半年为周期的季节性模式到即看即买的转变还是一场产品供给侧革命，颠覆着时尚产业的整体供应链逻辑：更快，更强，更加快时尚化。类 ZARA 品牌成为个性化时代的基础配置，一如今天互联网信息流的“今日头条”化。

罗辑思维跨年演讲《时间的朋友》也是反经验的绝佳例证。在一线卫视跨年晚会必然偶像明星云集的套路外，罗辑思维联袂深圳卫视反其道而行之，以知识脱口秀独创清流，在 2016 年 12 月 31 日晚 11 点一度攀升至收视率第一，当属认知审美击败娱乐审美疲劳的创意胜利。

反经验摆脱路径依赖，重构着理性直观和传统经验，或先发制人，或独辟蹊径，以一反常态的逆转逻辑撬动着商业竞争的格局，实则是对消费者的洞察在效率供给与信任代理方向先人一步，是技术敏感性所创造的优势解决方案。

形成“不符合逻辑”的差异化

在急速变化、极度个性化的今天，经验更多时候意味着舒适区的心理安慰。大多数企业在追求创新所采取的差异化策略中，往往并没有跳出惯性逻辑，也就无法形成真正意义上可被标签、可持续的差异化。而反经验策略在于运用“竞争求异”的理念反向定义——有时你需要真正走向它的反面。当习以为常的互联网免费内容带来信息的冗杂，是继续优化搜索算法，还是跳出原有逻辑让优质内容付费成为可能？“得到”之所以在知识服务领域可以定义赛道，恰恰是因为找到了认知升级最重要的一件事：头部内容与专业效率的互联网产品化。当碎片化阅读的赛道已经拥堵不堪，阅读的深度、长度和广度有没有可能成为正确的选择？跳出经验、打破惯性、“不符合逻辑”，才真正有机会触碰到新价值生长的破局点。

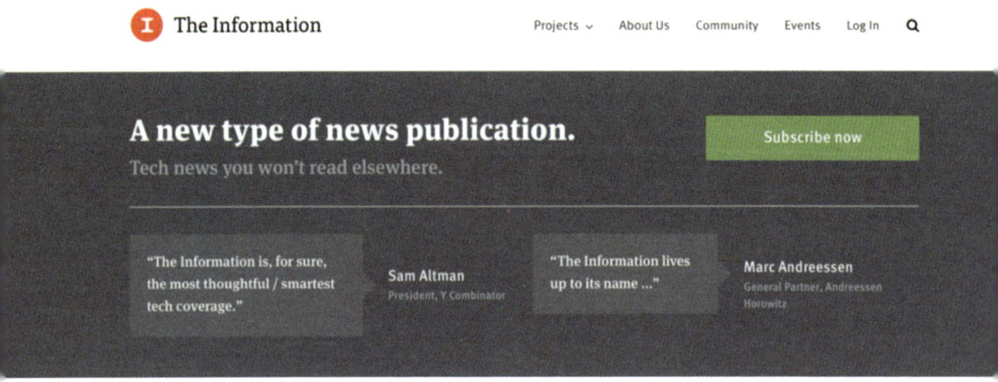

The Information 网站主页，他们用深度报道、会员体系将自己定义为新型的新闻出版

2013 年成立的 The Information 是媒体反经验的典型。作为硅谷的科技新闻网站，当所有同行还在以广告勉力支撑时，The Information 于创办之初就坚定做会员付费订阅，每年 399 美元的付费标准将用户定位为有内容需求、付费意愿和买单能力的企业高管，为其提供足够高质量的内容服务。不同于网络媒体分秒必争追热点和高频次推送获取点击量的做法，The Information 践行传统新闻媒体的行业精神，严谨地追踪商业动态，专注少量、深度的内容报道，尤其对于独家商业动态如谷歌收购 Dropcam、亚马逊收购 Twitch 乃至针对 AR（增强现实）眼镜公司 Magic Leap 的调查报道极尽翔实。因为保持了独立挖掘能力和深度观察，真正赢得了硅谷科技圈的尊重。

大象公会也在反经验的道路上探索。在移动互联时代崇尚碎片化阅读，以轻、薄、快、小为内容标准时，大象公会反其道行之，执着坚持高品质深度阅读，文章平均长度在 3500 字以上，是移动端能够读到的信息密度最高的内容之一。加上选题不迎合热点、远离娱乐，使其看来高冷有余。但在打磨长时间吸引用户注意力的内容产品上，大象公会下足了功夫，2017 年还和腾讯新闻合作开通选题会直播，与每周二的得到 App 工作汇报直播异曲同工。

大象公会创始人黄章晋这样描述大象公会，“我们不是传统媒体，亦非正流行的新媒体，而是一个以原创内容丰盈知识、见识和见闻的产品。很难用简短的文字描述”。大象公会的坚持所带来的不仅是百万级用户，更是打造了“可让读者炫耀阅读品位”的内容新品类，用户对其强烈的价值观认同形成了独特的社群文化鄙视链，被打上大象公会标签的亚文化知识群体也悄然形成。大象公会是对碎片化阅读的反经验，对娱乐至上的反经验。

当以反经验的态度去质疑现有规则、探索创新方向的时候，强烈的、不可替代的独特竞争优势成为最重要的新物种基因。立足未来、经验重建、形成差异化正是反经验为新物种指出的新商业时代进化路径。

鼓励减少购买、提供耐用型产品和完善之极的保修服务促成了积极的购买后体验，反消费也能成为商机。2016 年，广告人 Tara Button（塔拉·巴顿）创办的电商网站 BuyMeOnce 通过鼓励人们少买东西，上线 6 周便吸引了 70 万用户。平台入驻商家 Patagonia 曾经推出“别买我们的夹克”营销活动，效果甚著。欧睿国际的研究成果指出，一次性产品文化正受到冲击。弱化物质主义、推崇环保意识使商品的耐用性成了非常积极的购买后体验，而更长的购买后故事也加强了品牌和消费者之间的纽带。可以预见，已经绝迹的修理店可能会以新零售的姿态卷土重来。

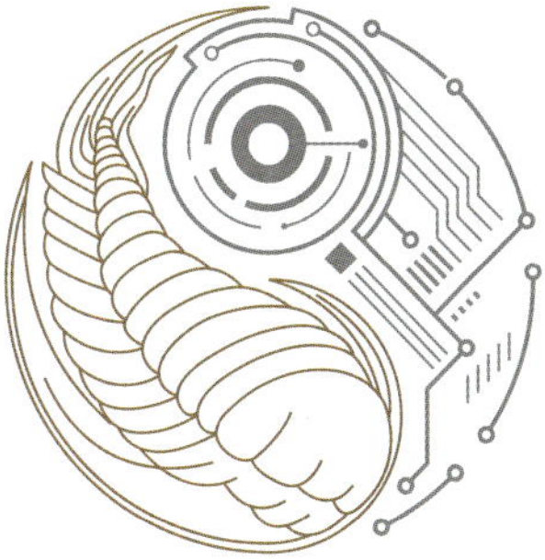

新物种方法论

反经验不断拓展想象力的边界，重构全新的造物逻辑，重建新物种自生长路径。一如亚马逊专注长远的商业模式，从不设限具体业务，从 Alexa 到 AWS，从 Amazon Prime 到 Amazon Go。但反经验不代表天马行空，其底层逻辑系统由三个基础能力，或者说三个支点构成稳定性——数据、效率和连接，它们在反经验的行动机制中决定了经验重构效果与效率的可持续。

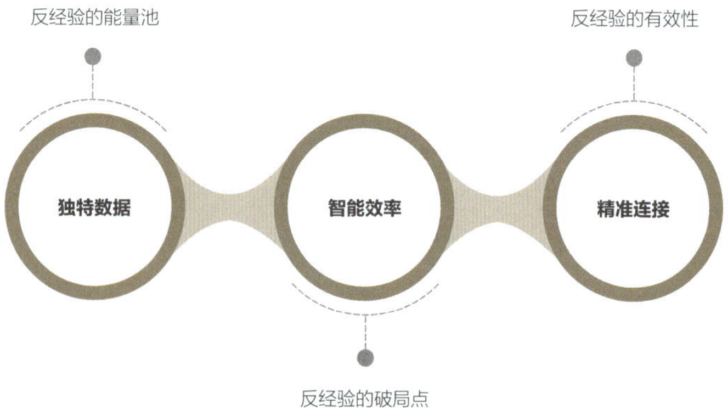

反经验的三个基础能力——数据、效率、连接

独特数据，反经验的能量池

新商业以大数据为基础能源。开创性思考、反向实证的思维方式也必然以数据为基础能量。“独特数据”由更为有效的收集方式收集和更为有效的算法所驱动，甚至反经验的起点就在于对数据的获取和对算法经验的重构，由此才真正具备诞生商业新物种的生态基础。无人驾驶领域，优步如果比谷歌更有机会，不是因为自动驾驶技术领先，而是优步有具体广泛的驾驶应用场景，这种独特数据的生产能力会让优步的迭代能力更强、算法优化的效率更高，因而有更好的商业化表现。

¦ 智能效率，反经验的破局点

智能效率是未来商业的核心价值。按照新物种方法对京东的判断，其终极新物种形态不是电商，而是真正意义上高效的无人配送网络和智能商业生态体。因为有海量的具体个人购物场景，京东智能化的速度和数据能力也会远胜于普通人工智能玩家，京东会是一家真正意义上的效率公司。在未来已来的智能时代，更高维度的智能效率成为反经验破局的关键，决定了新物种能否进入新价值网，以拥有独占用户的溢价能力。

¦ 精准连接，反经验的有效性

经验重构所形成的新模式架构和连接方式，其有效性必然以用户连接效率为标准，连接效率不仅是速度，更是强度。有效性在于是否真正形成头部的注意力，是否真正形成快速造势、有效转化的高势能连接。移动社交电商与社会化电商的区分为何以评测、清单为标签？即在于“王自如手机评测”“WISH 精品餐厅指南”与“企鹅吃喝指南”的美食评测代表了今天省时间的连接效率。

新物种爆炸

XSPECIES

第三章 | 更细节

超级物种是新零售，但更是体验细节的胜利。戴森的更细节来自技术，更来自对用户的敏锐洞察。细节是产品角度的设计准则，更细节则是用户角度的产品哲学。更细节不是产品与服务的升级，而是产品与服务的核心价值，更细节本身就是用户需求，是新物种形成的天然准则。

更细节不是更加细节

更细节不是细节的比较级，不是比细节更细，而是底层逻辑的本质不同。细节是产品角度的设计准则，更细节是用户角度的产品哲学，它不是产品与服务的升级，而是产品与服务的核心价值，更细节本身就是用户需求。所以，拥有完整用户驱动机制的乐纯酸奶是更细节；以体验升级迭代用户生活电器的戴森是更细节；供应端与用户端互动效率提升的闪送、亚马逊一键下单是更细节；以移动互联网和大数据高效匹配车与货，打造公路物流基础设施的货车帮和福佑卡车是更细节。这些更细节案例的核心逻辑在于是否以用户价值作为第一性原则驱动产品和商业模式的设计，它所依据的是整个体验经济时代游戏规则的变化。

永辉超市推出“超级物种”概念店，关键词是场景和细节。选择特定品类优化，麦子工坊、鲑鱼工坊、盒牛工坊等八个精致的美食工坊主打新鲜、安全、高性价比的全球优质食材进行场景化设计和细节表达：LED 射灯集中照射商品，商品新鲜度直接映入眼帘；鲑鱼计数板清晰标示鲑鱼售卖记录已达 352 条；现切现煎的牛排在铁板上发出滋滋的烤肉声，声声入耳；麦子工坊和红酒、花艺在一个场景中，美感呼之欲出。“超级物种”业态创新的更细节逻辑是用户体验至上，通过细节设计形成差异化，以灯光元

"超级物种"场景化的背后是围绕用户体验的精益求精

素营造美学氛围，构建品牌连接度与信任代理，从而用场景创造自流量和用户口碑。灯光的细节可以成就超级物种，声音的细节是否可以改变美学欠奉的传统声音解决方案提供商？耳、舌、身、心、鼻、意，皆有各类细节的优化机会。

从用户角度来看，新世代的用户属性发生着剧烈变化，如果试图去描绘他们的画像，有四个显著的特征：对高尚事物的追求与感动，即情怀成为非常重要的生产力；对社群文化充满专注自信，用户在不同的亚文化社群中，完成不同的身份认同和态度表达；极高的人文素养与审美能力，消费不再被流量和价格左右，而是基于个人准则的消费主张和决策能力；明确的社交态度与道德水准，即用户不仅有身份属性还有社交属性，或真实、或表演，但都明确、独特并需要被标签，产品在更多时候所要满足的恰恰是用户的社交属性。情感需要、文化认同、个体表达、社交属性——用户已经完成精神消费的完整迭代，也必然带来产品逻辑的变化。

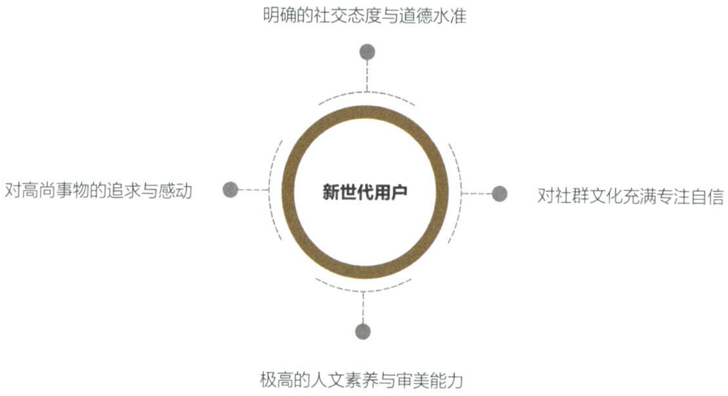

完成心智迭代的新世代用户属性

美国品牌 La Perla 专注内衣和睡衣制造已逾 60 年，长期以来品牌努力将现代女性内心深处的欲望和需求融入产品的设计。新任创意总监朱莉亚·哈尔特（Julia Haart）反对“想漂亮就不能太舒服”的时装定律，加入了诸多现代化设计元素，例如新的内衣罩杯可以提供足够支撑，以一排钩扣固定，无须再额外穿内衣。凭借长期积累的对女性曲线的理解，更细节思维帮助朱莉亚·哈尔特运用“弹力丝线”材质克服不同人细微的体形差异，研发出能够随身体移动保持轮廓吻合的列韦斯蕾丝，完美诠释了内衣解放理念——内衣不再是隐秘的表达，而是全新的“内外衣”品类创造，内衣外穿终于在性感、美丽和舒适性上取得了瑜伽服之外的进步。

因此从产品角度，谁能够最大程度承载用户的态度表达、经由文化认同完成对用户的情绪代理，谁就拥有了无法被复制的核心竞争力。产品必须具备内容力和人格化特征，这个过程考验的自然是更细节的能力。

首先是文化认同所代理的用户情绪，其次是产品层面的细节承接体系。

以无锡灵山集团旗下的拈花湾为例，作为国内新一代文旅小镇的领军项目，拈花湾的诞生，是体验经济升级的标杆之作，也是文化消费更具本地性差异化的内容表达。

从佛文化命题来看，“禅”是佛文化世俗化的象征，也是东方文化精神的独特代表。如果说灵山胜境成功塑造了佛文化的博大精深，

如来者常如愿，细节是来之因，也是愿之果

那么拈花湾通过禅的方式来塑造俗世对佛的解读，清晰地把握了大灵山主题的内在统一逻辑。从休闲度假的命题来说，目的地旅行与差异化居住已然成为新中产阶层必需的生活方式。但是，如何满足当代人挑剔内心的度假产品，却是当下旅游业供给侧的痛点。新一期灵山工程拈花湾试图以佛家独有的禅意治愈，来解决流行的焦虑感，在产品立意上已然触动芸芸众生的敏感之心。正是在“禅”的统领下，拈花湾拥有自己的灵魂和文化设计，才有“东方禅意生活乐土，世界心灵度假花园”的总体定位，也才有了策划设计者后来尽情诠释的各种细节铺陈。

拈花湾策划者认为，禅意建筑和景观要有呼吸感，像从自然中生长出来。为让苫庐屋顶最大程度达到自然禅意效果，他们从江苏、浙江、福建、江西、东北甚至印度尼西亚巴厘岛等地选择了二十多种天然材料，同时将能够找到的最好仿制品拿来，放在一起进行日晒雨淋等各种手段反复试验比对。初选出八个品种，请巴厘岛的当地工匠在现场搭建茅草屋顶的样板，再进行为期一百天的户外综合试验。在这场严苛的试验中，淘汰了虽然防腐性能好但

是美感欠缺的所有仿制材料，也淘汰了虽然自然优美但不耐腐蚀、使用年限短的大部分天然材料，最终确定了两种既牢固耐用又美观自然的天然材料。一个小小的茅草屋顶，整合18家专业机构和企业的资源与力量，前前后后“折腾”13个月的时间，更细节的理念和执行力可见一斑。

所以在更细节的产品哲学中，“从用户中来，到用户中去”不是正确的废话，它是更细节“以用户为原点”的核心所在，重构产品与用户的连接方式，更拥有打动人心的力量。穷游网推出内容电商品牌JME，也是这种“更细节”的尝试。

更细节的本质是内容表达

之所以说更细节所完成的是内容表达，其中有两层含义。一方面，更细节本身就是用户需求，而对于已经完成迭代的用户，其真正的需求是什么？不再是为使用价值的功能买单，而是为精神满足的情感付费，所以更细节代表的用户需求是情感连接，常常表现为“物质越少，人性越多”；另一方面，更细节的内容表达本身甚至能够完成产品的文化设计，成为“最重要的那一件事”，成就价值观认同，建立产品在用户心中的唯一性辨识。正如《比利·林恩的中场战事》“120帧、4K、3D”的更细节让电影的剧情变得不那么重要，带给用户主观视角的沉浸式体验就是足够充分的观影理由。

同样，新海诚也用更细节完成了自己对动画电影的价值观表达。2016 年秋天，很多人因为《你的名字》开始认识新海诚，事实上在二次元世界，新海诚早已完成了他的超级 IP 进化之路。新海诚被称为“壁纸狂人”“变态细节控”，在他的动画电影中，几乎每个画面的定格都美到可以直接拿来当作壁纸。更重要的是，新海诚的动画中很多场景来自现实，实景照片经过调整和渲染后在动画中更加鲜活而动人。所以每次电影上映，都会引起二次元世界的轰动，观众纷纷加入到寻找现实场景和挖掘电影中暗藏细节的活动中乐此不疲。

视觉的美来自细节，而带来跨次元参与感、沉浸感、代入感的美则来自更细节，它是激发观众情感共振的力量所在。从《星之声》《云的彼端，约定的地方》《言叶之庭》，再到《秒速五厘米》《你的名字》，伴随动画电影成长的是越来越会讲故事的新海诚，而成就独树一帜“新海诚 style”的必然是更细节的价值表达和意义输出，它所完成的文化设计是“真实的二次元”，无论画面还是情感，二次元世界都是对现实生活的映射，带来的是真切感动。

理解更细节是内容表达，是把握更细节产品哲学的基础，它表达了产品与服务的核心价值是情感价值，用户需求的本质是精神需求，用产品的内容连接能力和人格化特征完成对用户的情绪代理，才是更细节占领用户心智的独特性和唯一性。可口可乐的双人瓶盖构建了校园中真实的“社交网络”，释放了线下社交的尴尬和不知所措；Flip Flap 办公椅成为办公室的小确幸，如折纸般的灵活变化满足从精神饱满到午休小睡的多种状态，每一次变身都是一次专属于你的温暖关怀。更细节的本质，必然经由内容表达穿针引线而成就。

重构产品与用户的连接方式

更细节的 C2B 路径，让用户成为产品原点，驱动产品形态的长成，也重构产品与用户的连接方式——完全去中介化，以用户作为产品的入口。而在以数据为基础资源的新商业时代，掌握用户数据的能力成为建立有效连接的必需，而更合理的算法和交互机制决定着连接的效率。更细节所重构的产品与用户连接方式，本质上成为产品与用户数据的连接效率。

另一方面，“C”的存在形式也今非昔比，不是大众用户，不是共性需求，而是亚文化群体小众、独特但坚定的精神诉求。产品持续的内容生产带来打动人心的能力，完成与用户文化认同的情感连接，并在此过程中找到用户的真实痛点，在产品与用户持续的连接、相互赋能中，产生更多的可能性，以此完成产品的迭代升级。

Quartz 是一款具有未来感的新闻 App，它用更细节颠覆传统新闻，把获取新闻的过程简化成和用户聊天。在用户的主动提问下，运用数据能力，通过算法构建深度交互氛围，推送用户需要的内容，而非让所有推送塞满 App，留下一堆“小红点”。

这就是被更细节重构的用户连接。首先，完全由“你”驱动，是基于每一个数字化个体完全个性化需求的算法推送；其次，在与每一个“你”的深度对话中，Quartz 都收集着更有效、更强大的用户数据，每个独特数据都让它变得懂你；更重要的是，它人格化了一款新闻 App，数据智能和交互方式让它成为一个可以随时和你轻松聊天的朋友；最后，它代表了一种不同，承载了你需要的独特。今日头条正是这样的更细节产品，强大的人格阅读能力让信息流的智能内容分发越来越个性化，算法驱动是更细节的最佳生成机制。

搜狗最新的人工智能实践完整体现了“更细节”的战略思维：语音识别、图像识别、语义理解等技术综合反映为语言处理能力，搜狗搜索未来以语言为核心的功能包括对话、翻译和问答，同时把输入法变成一个对话系统。在此基础上，无论搜狗机器人还是语音的实时识别、实时翻译系统，都可以在细节层面上深入到更加具体独特的应用场景，从而让表达和信息获取更加简单自由。

世界将成为包罗万象的数据系统，大数据与人工智能正在创建新的权力架构。大数据引发社会系统变化，而更细节以用户体验为中心，让数据和算法更合理、更有温度地去寻找“因”，形成更精准、更个性化、更人性化的“果”，让数据成为理解用户的桥梁，连接用户内心每一个诉求，长成真正承载用户情感表达的产品，搜狗、今日头条、快手都正在这条数据道路上疾行。

更细节带来用户体验的非线性激励

理解仪式感商业路径的一个重要机制是预期管理，即在一个特殊的时间点，指向一个特定的文化表达和场景解决方案，用期待延长和深化情绪体验，最终在期待值顶点完成仪式感表达。相对这种预期管理机制，更细节的非线性激励则是对预期之外的放大机制，基于用户痛点为其营造更多超出预期的惊喜，而这个惊喜的本质是用户精神获得的极大满足，最终在其生活意义上完成价值表达。小米概念手机 MIX 在屏占比上的努力让大屏浏览感受完全超乎预期，这种硬件颜值管理的更细节能力让小米手机在 2016 年底几乎完全摆脱了销量下降带来的困扰，作为黑科技公司被广受追捧。

需要说明的是，更细节对用户体验的非线性激励往往有反商业的表现，它重新定义了产品的定价规则和游戏规则，而这个规则常常脱离产品功能和供应链成本本身，很大程度上取决于产品对用户的意义承载，这也意味着产品在更高维度拥有更加明显的垄断能力。英国生活家电品牌戴森即是典型。

戴森对更细节的极致追求已经成为标杆，每一款产品推出都是对用户体验的革命性定义。继无尘吸尘器后，戴森 2016 年又打造了

戴森电吹风机被视为消费升级的网红产品

一款网红产品——无扇叶超声波吹风机。极具未来感的无扇叶设计惊艳无比，同时针对女性用户对发质保养、不同发型维护、手持舒适度等每一个需求痛点重构各项功能。作为消费电器品牌，技术和质量固然是核心，但是在这两点上戴森都有着难分伯仲的竞争对手，在技术如此密集趋同的行业，戴森的成功恰恰是来自“更懂用户 + 技术 + 设计”更细节的体验升级。在戴森不断推出各类颠覆想象、升级体验的家用电器过程中，也真正经由用户的客体口碑，锚定了戴森作为“中产阶层家庭品质生活代表”的烙印。审美成为真正的激励因素，价格因此不再敏感，让戴森为自己的生活品质背书成为用户真实的生活方式需要。

而能够完成意义升维的非线性激励因素，往往来自更细节的混合思维，因为重混后的边界溶解才有可能长出新的意义。滑板文化品牌 RIPNDIP，2009 年创办后开发出贱猫表情包，然后用贱猫 T 恤“篡改”经典，把店开在 Supreme 旁，还加上娃娃机，让滑板

“酷”和“贱”在潮流语言中常常难分彼此

青年更有感。这种精神认同上的极致满足正是更细节经由重混的意义升维带来的非线性激励。所以，更细节的用户需求往往不是单一维度的表达，而是多元表达带来的完整阐释，拥有混合定义能力才能收割新价值红利。

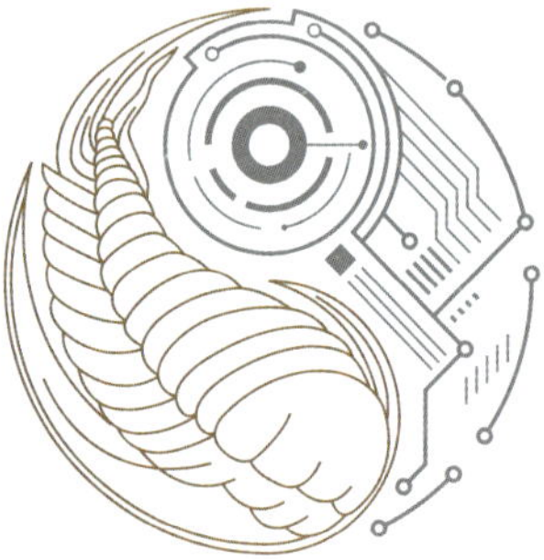

新物种方法论

更细节是用户角度的产品哲学，当用户完成完整迭代，并被数字化重构，产品哲学也不再是功能演绎，而是精神诠释。产品与用户的连接方式被重新定义，“人”成为产品入口，产品与用户的连接效率成为重点。正是基于以上变化，在更细节的方法层面，用户数据、场景定义、连接效率成为核心表达。

更细节是用户角度的产品哲学

数据更细节

在由数字化个体组成的新商业环境中，对数据更细节的追求成为商业的底层逻辑。它不仅在于对独特数据的有效收集，更重要的是让所有的学习、算法真正以用户为原点，以更深刻地理解用户、更精准地把握用户、更有效地连接用户。IBM 的“沃森”身为超级助理，正是以强大的自学习能力和认知技术对海量数据进行理解、推理、分析和归纳，提供有证可循的答案，从而让医疗从业者实现个性化诊疗——一位日本的癌症病患者希望在持续化疗的过程中减少脱发现象的发生，其主治医生在“沃森”系统的帮助下完成了这位年轻妈妈的心愿。而当李宇春穿上与“沃森”合作的“认知礼服”，颜色与情绪的变化进一步创造了全新的视觉体验。

沃森机器人的人格化经由细节深入人心

场景更细节

场景更细节的核心在于体验，更在于场景与用户精神需求的精准匹配，以此激发用户的情绪涌现。而在用户情绪涌现的场景中，经由内容力的层层推进，完成对个体情绪的放大和价值表达，最终完成对用户生活方式新的解释。荷兰家具品牌 Pastoe 在 2016 年比利时室内设计双年展上重点展示了旗下最畅销产品 Adammer 整理柜：这个又高又窄的整理柜翻转 90 度，就是水平的橱柜版本。“翻转快乐”，以另一种角度接触日常生活，就是新的可能性——这种可能性来自更精准的场景表达。意大利灯具品牌 Artemide 未来决策人卡洛塔·德贝维拉夸这样谈对灯的理解，“我们设计灯，是让光改善生活品质。本质上，灯是场景交互产品，是经验、情感与情绪归向的产物。”

效率更细节

效率更细节的核心，一方面在于能否真正完成去中介化，完全消除中间环节的连接点再造，提高用户的入口效率；另一方面在于内容效率，即内容是否能更精准地连接用户，更高效地聚合势能，形成自带流量的负成本连接。美国达美乐比萨 62% 的订单业务来自互联网，从数字化下单和配备新颖装置的比萨车 DXP 到领先星巴克的移动订餐和领先麦当劳的外卖业务，再到自动比萨送餐车 DRU 和语音订餐系统“Dom”，这家科技公司只不过正好在卖比萨。显然，科技驱动的效率更细节是达美乐能够超越谷歌成为全美 2003—2016 年市值提升最快上市公司的关键原因。

所谓更细节，不仅仅是新物种时代与用户沟通的话语体系，更是对于价值创造的执着坚持。有些鱼，就是要缘木以求；有些剑，就是要刻舟以求。更细节的胜利，从来不是细节的胜利，而是新产品哲学的胜利。归根结底，是给枯燥无趣的商业世界洗去倦怠的重复；是给审美疲劳的消费者提供趣味的叩问。新物种在更细节的追求中聪颖慧黠，一较短长。

新物种爆炸

XSPECIES

第四章 场景流

上海彩虹室内合唱团在场景流动中代理社会情绪，引发国民共振。《阴阳师》与《王者荣耀》的不同之处是什么？击破次元壁、打破时间和空间的界限，我们身处新场景流动过程。场景流是情绪的流动、信息的流动、数据的流动和空间的流动，流动的“涌现”带来新机会，也是新物种的长成诱因。

"SSR"引发的"习惯"

2016 年的某一天开始，朋友见面有了新的问候语："你抽到 SSR 了吗？"

"SSR"是手游《阴阳师》中抽到率极低的式神卡牌，这款网易出品的日式和风手游在刚刚过去的 2016 年火到什么地步？2016 年 9 月才正式上线的游戏，国庆期间轻松登顶 App Store（苹果公司应用商店）中国区畅销榜榜首，至今一直稳居前三名，被评为苹果年度最佳 App。2017 年 3 月登陆日本，一周内就登上了游戏下载榜榜首。微博、微信、B 站等社交和视频平台被迅速占据，并掀起一大波关于《阴阳师》的狂欢：晒图、讨论、直播乃至大量的同人作品更新，如何抽到 SSR 已成为微博和朋友圈的玄学讨论。

《阴阳师》精美的场景设定征服了挑剔的日本玩家

二次元游戏如何在三次元朋友圈蔓延？除了直击二次元玩家的精致画面、剧情、配音，LBS（基于位置服务）或许是解开《阴阳师》成功原因的另一线索。端游最受欢迎的都是那些 MMOG（大型多人在线游戏），这些游戏构筑了一个虚拟的完整世界，玩家在其中组队战斗、交朋友、恋爱。相比之下，手游玩家在虚拟世界寂寞太久，相对简单的设计让玩家大多只能独自 kill time（打发时间）。而《阴阳师》基于玩家真实地理位置的 LBS 社交玩法，将现实与虚拟世界进行打破次元壁的场景连接。比如游戏中的阴阳寮（相当于其他游戏的玩家工会）和“附近”聊天频道，玩家可以基于现实位置寻找游戏同伴，由此形成多维连接。当然，LBS 既非阴阳师的主打方向，也算不上黑科技，只是有意无意切中当下玩家盲点——多维连接造成用户体验的变化与优化。

游戏的意义源于人们对现实的从未满足。游戏与现实之间的渗透是双向的，现实投影游戏的同时，游戏也不可避免地影响着现实。长期以来，游戏与现实始终是“二次元与三次元”的对立，非此即彼。《阴阳师》不是第一款试图打破两者壁垒的游戏，但毫无疑问，在游戏改变世界已成共识的今天，它的现象级爆发确有必然性逻辑。

《阴阳师》手游带有典型的游戏成瘾设计特征，精致到细节无与伦比的真实（对比于绝大多数粗糙的手游而言是异类），随机性的抽奖机制（成瘾性要素），LBS 社交设计（摆脱单机的社交寂寞），都容易在场景的流动中形成用户习惯，这恰恰是新产品脱颖而出的核心诱因——微信、快手、脸谱网、一点资讯等产品真正的优势不在于“刷新强迫症”，而是在于戒掉对它们的“上瘾症”十分困难。

“体验”是新消费场景核心

一款成功游戏本身固然是用户愿意沉浸的场景，因为游戏创造了最恰如其分的用户体验。“场景流”是场景情境下用户情绪的涌现，是情感片段在时间与空间中的糅合流动，通过客观现实与多维连接带来新的用户体验。对于我们所讨论的新物种来说，“场景流”体现的不再是在具像、静态的场景里被规划，而是在更加流动的时空细节中生长，用更加丰富的要素重组带来极致的感受体验。《阴阳师》LBS 功能带来的次元壁打破幻觉，在现实与游戏交织而成的新场景下赋予用户新的体验和社交价值。

“场景流”意味着更加情景化、动态化，意味着时间审美大于确定的空间审美。新情境会带来用户情绪的全新涌现和全新需求，情感片段在时空中的流动会生成新的符号标签。在这里，体验是核心，涌现是不确定的结果。新加坡国土面积不大，但为何给人大且新的感觉？这座温暖洋流上的城市国家，恰恰是用想象力跨越藩篱，创造场景流：造型各异的摩天大楼和星罗棋布的博物馆、一年中不间断的艺廊活动与优秀展会、新兴街区和精品酒店常去常新、一流的音乐会和大胆的电影创作……甚至川久保玲 2017 年新店选址也在新加坡。设计、创意、灵感构筑了新加坡的创造活力，设计之都的定位完成了新加坡的聪明转型，这是场景流放大空间感受的典型范例。

人的认知是情境化和实时的，正因如此，不同消费场景的核心自然通过消费者不同体验创造，带来情感在时空中的流动。所以说，场景流的本质并不是空间，恰恰相反，是通过空间情感化的连接和氛围营造，完成新的时间情感概念。

临近北京 798 艺术区，远洋地产和太古地产共同运营的颐堤港 Mall 定位家庭休闲一站式解决方案。该项目最大的特色是中庭与一楼极具流量能力的动线设计。颐堤港不仅在太古地产财报中是收益稳定、增长较好的项目，也是远洋地产在北京表现优秀的商业项目。颐堤港的成功之处在于留白，用空间留白创造场景多变的可能性。它满足了如今中产阶层家庭周末度假休闲的需要：父子在室内攀岩，妈妈如何消磨时间？大量餐饮、休闲、美容可供选择，当然更可能是在精品超市买买买，一家三口一起看漫威展或迪士尼电影。消费场景的叠加与变化会带来时间沉浸感，时间赋能表现在很多方面。通常看电影所代表的两个小时单位时间的消费，在颐堤港拉长至平均四小时。而当停留时间达到四小时后，消费转化率便会比两小时逗留提升至少40%。这是场景流动赋能时间带来的商业价值，这种能力来自场景的叠加，在空间中形成解决方案和极具情感化的家庭体验。商场不仅是购物场所，更是和家人共度周末、形成美好回忆的场景。在这里，“体验”赋予了“当下时间”不同于“其他时间”的意义，创造新时间增量，由此带来了消费情绪的涌现。

“具身认知”（embodied cognition）理论大概可以解释为什么体验那么重要。具身认知是心理学新兴研究领域。该理论认为，人的认知是沉浸于环境的个体在与环境交互中涌现的感受和确认方式。身体构造、神经结构、感官和运动系统的活动方式决定了我们怎样认识世界，决定了我们的思维风格，也塑造了我们看世界的方式。而身体又是嵌入环境的，认知、身体和环境组成动态的统一体，所以认知是通过身体的体验及其活动方式形成的。游戏与商业地产的例证很清楚地表明了场景流逻辑的实证性。

上海彩虹室内合唱团联合滴滴顺风车打造跨界作品《春节自救指

彩虹室内合唱团擅长社会场景洞察，娴熟于互联网情绪代理

南——回家篇》，在2017年春运期间被热转，本质是特定场景情绪的代理和快速流动传染。金承志洞察场景的方法是以春节场景的体验设计为基础，通过自嘲、反讽和恶搞的情绪主张使用户产生强代入感，通过合唱吐槽仪式化和互联网化。滴滴与之合作恰恰是挖掘到了春节回家的场景痛点，植入顺风车的社交安全属性，形成场景的自然流动。这一营销案中，滴滴借助彩虹室内合唱团形成的情绪代理在社交网络上被放大，形成造浪机制，体验口碑得以裂变，是一次成功的场景流产品推广。

| “涌现”带来新场景机会

用户情感“涌现”是不确定的结果。但更多时候，这个结果的方向仍然是可被设计和预测的。文化批评家保罗·福塞尔在《格调》中写道：“消费选择、休闲方式和室内摆设也是社会地位的陷阱。你喜欢喝什么饮料，看什么电视节目，抑或根本没有电视，读什么杂志，去哪儿旅行，如何旅行，以及家里的小摆设等等，都会确凿地暴露出人的社会层次。”在当下，你选择怎样的消费场景，就代表你具有怎样的审美品位和所处的社会地位。到日本旅行，是住在轻井泽的虹夕诺雅还是文华东方酒店？而最文艺、时尚的年轻人已经不再选择奢华，必须是 Airbnb，甚至是池袋的 Book and Bed Tokyo 旅馆。在这里，人与书的混居，让可过夜的书店 “有意义、有品位、与别人不同”，这才是当下年轻人所追求的体验和设计师设计初衷的共鸣点。叠加场景击中了标签是“爱读书 + 爱旅行”青年的软肋，这种体验会带来大量的情绪涌现——“与书为伍，让书催眠我们”这种感受本身所形成的表达和差异化会带来极大的分享冲动。

再比如，长期以来，航班延误的痛点都接近无解。但在某种场景中，居然会有人说能不能再延误三分钟？为什么？因为再延误三分钟就过了延误的第二个小时，就可以再抢一轮“微信航空延误险”

的红包。在这个场景的刻画与叙述中，体验逻辑发生了变化：既然已经延误，能不能再晚三分钟来触发红包机制——本来很负面的痛点场景被游戏化，或者说场景流化。微信延误险的本质并不是探讨候机晚点这个场景是不是一成不变，而是场景的一成不变恰恰给了场景流动的机会，也就给了众安保险借此创造更多流量的机会。而且，在候机延误这个极易爆发情绪的场景，营造更多的流量机会，其实是带来了更加富有黏性和极具口碑的用户。所以，我们过去表面上理解的“场景”情绪痛点，在今天看来其实都具备了重新出发的机会。“分期乐”与“趣分期”正是从 iPhone 分期购买的痛点场景开始，逐步流动到现金借贷，进而形成消费金融场景组合，趣店集团和乐信集团的快速成长得益于场景流动带来的商业机会。

从 2016 年上半年开始，一二线城市的购物中心或电影院出现了颇多类似电话亭的玻璃屋，一两个年轻人坐在里面忘情歌唱。这种小玻璃屋是集点、唱、录为一体的迷你式 KTV，主打消费者吃饭、购物、看电影期间的碎片时间消费。在传统量贩式 KTV 式微的背景下，这种“线上扫码 + 线下互动”的新型音乐社交设备正在走红。迷你 KTV 还能充当录音棚，一曲唱毕，单曲录音就可以发送到微信上。连续几首后，用户还可以制作个人专辑，一键分享到朋友圈。这个场景的痛点并不是碎片时间的消费，而是随后的分享和

可移动、碎片化、易分享是
6号包厢的产品属性

社交意愿延续了K歌这样原本一次性消费行为的外延，带来场景的重新定义。倡导用户体验的好乐迪与时俱进，推出“6号包厢”这样的迷你KTV产品，备受潮人追捧。高效的碎片化运营结合体验式社交分享，自助式服务完成了“无人值守”个体娱乐新品类的打造。何止友唱、6号包厢，还有“超级猩猩”对健身房的解构、“咖啡零点吧”对咖啡厅的拆解、来电科技与小电科技的充电宝共享。移动支付和微信的基础设施化，让无人服务和自助服务重组硬件单元，造就更多新场景下的无人设施可能性，这种商机正在渗透并改造各种重度的本地生活服务。毫无疑问，类似共享睡眠仓、胶囊旅馆、个人SPA、河狸家这样的“单身社会元素”会更加大行其道。

体验升级与情绪设计

对于游戏而言，摆脱束缚、创造并进入，是其他娱乐艺术形式无法取代的。不管我们愿意与否，游戏已经成为现代社会中不可或缺的娱乐形式和生活方式。2016 年克顿传媒的现象级剧作《微微一笑很倾城》告诉我们年轻人在二次元和三次元之间的场景切换姿势为何如此自然与合乎情理。但事实上，二次元和三次元的场景很快便不再需要切换，很多人即使在听讲座、看表演，专注的依然是面前的 4.7、5.5、6.1 英寸屏幕，因为手机已经是人们的嵌入式器官。随着 VR、AR 技术和人工智能的全面爆发，想象力所缔造的游戏世界必将无限趋近于现实，直到最终与现实融为一体。尽管我们尚不清楚两者的融合到底可以发展到哪一步，但当“次元壁”被技术打破，人的情绪将无阻碍地在虚拟世界和现实世界穿行流动，这时，最重要、最核心的场景依然会回到“体验”本身，深入人性的极致体验将会是最重要的场景依据。

过去我们强调“体验”时，往往也在强调所处的特定“空间”和“时间”。但现在，我们越来越意识到，“体验”不应该继续在静态场景里被策划，而应该被更加丰富的要素来重组。这时候再来理解分众传媒把品牌渗透到主流人群必经的生活场景，如公寓、办公楼、电影院等，在媒体碎片化的时代造就信息场景流，即可成就新物种引爆效应。“体验”需要在更加流动的时空生长，是动态不确定的连续过程。我们今天看到的各种体验式场景：沉浸式戏剧、线上线下融合的产品、网红导购和直播购物等等，都是通过客观现实与多维连接引发用户沉浸体验，带来支付行为。未来，更多的新产品与新社区都将是以场景体验为出发点的设计产物。“场景流”所流动的是人的情感和认知，随着虚拟现实等技术的爆发式进步，“距离”和“时间”的定义从未如此模糊，只有情感和认知才是唯一清晰的指引，这也是场景流能够跨界造物和连接赋能的核心逻辑所在。

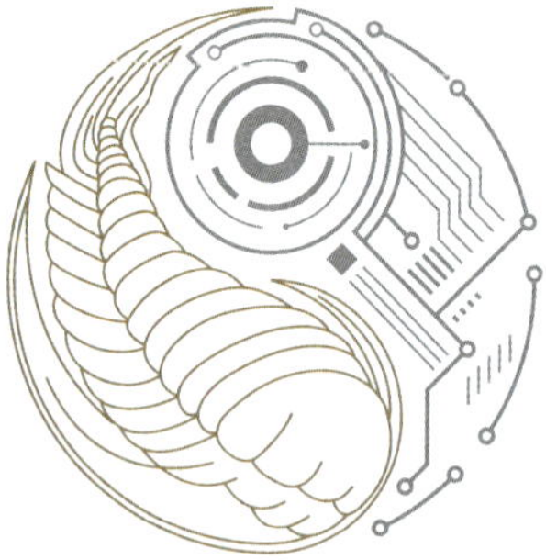

新物种方法论

场景流的设计核心是体验，是以人的动线为逻辑、以连接质量为前提、以情感输出为要素、以社群沉淀为结果的商业模型。具有场景流属性的商业场景能否快速形成消费主张，很多时候要看场景本身的定义能力和对亚文化社群的影响力。产品设计需要从体验出发，重新组成功能的交互展现，包括跨场景同步以及通过客观现实与多维连接引发用户的沉浸体验。

影响用户场景体验最重要的三种感受

代入感

我们随时都在周围环境中搜寻与自身相同的特征：黑头发时觉得周围黄色头发不是很多，把头发染成黄色后，却发现到处都能看到黄头发。这正是“社会脑”自动收集来的相同特征。社会脑无法对自我本身进行定义，它只能在社会群体中定位自己。与他人的关系、扮演的社会角色，便是社会脑自我定义的方式。每个人社会脑中的镜像神经元不断从周围人身上寻找与自身相同的特征，并将自身特征投射到周围人身上，甚至体验别人的经历与情感——这就是为什么网络集体狂欢容易发生的原因，也是对“朋友圈卷入感”最好的社会心理学解释。正因如此，在场景中营造用户的“镜像自我”，会让用户自我签到，快速找到归属感。

“代入感”形成场景中用户的自我认同，比如“订阅关系”让我们不自觉地被代入某种特定的群体特征，从而对自我重新认知。中国原创、掌握核心规则制定权与话语权的世界级职业搏击赛事——昆仑决，版权已经卖到 80 多个国家。昆仑决年均举办近 30 场比赛，通过三年的时间，在赛事质量和数量上，成功超越众多世界搏击赛事。昆仑决 App 也是格斗爱好者了解赛事、组织、俱乐部等综合格斗、搏击的移动社区。人们可以通过昆仑决 App 观看搏击视频、发现附近场馆、组织线下活动，甚至找人“约架”。搏

昆仑决是近年来体育产业爆发的冰山一角

击赛事成为一种大众娱乐，昆仑决既是竞技精神在消费时代的体现，也是特定场景下用户情绪代入所打造的超级 IP。

愉悦感

人类的一切行为都是为了逃避惩罚和得到快乐。

——弗洛伊德

神经链的形成，是将与该记忆相关的信息打包储存。已经形成的独立神经链，除非一直不激活，否则一旦触动，很难制止惯性行为。所有的神经链中，掌握了人类寻求快乐与规避痛苦本能的“奖励性神经链”和“惩罚性神经链”是最强大的。各种瘾症之所以难戒除，就是因为强大的奖励性神经链带来的愉悦感太过强烈。在利用奖励性神经链方面，网络游戏最为成功。

利用好奖励性神经链特质，就能带来忠实用户。而实际上，神经链的形成只需持续三到五次，这也是用“补贴”来培养用户习惯的社会心理学基础。在特定场景中，给用户更多的奖励性体验往往十分有效，比如前文中提到的微信航空延误险“抢红包”机制，使候机逻辑发生了变化。这种体验会让用户印象深刻，当再次进入这个场景——下一次候机时，会迅速唤醒上一次的愉悦情绪而再次使用，这种场景流动会带来稳定、持续的流量。

2016 年，除《阴阳师》《王者荣耀》外另一个大火的游戏是 H1Z1，短短半年多收入突破 6000 万美元，玩家数量半年内暴涨十倍。神奇的是，这样一个纯海外团队研发、锁国内 IP 的游戏，居然百度指数超过 15 万，原因在于以“冲突”乐趣为主导的 H1Z1 掀起了一场爱国之战——“唱首国歌听听，不然不是自己人”。H1Z1 含有特殊规则服务器，包含组队和语音功能，可保证数千人永久在线。游戏一个有趣的设定是，只有物品生产者才拥有物品操纵权，使得建造物可以成为固定聚集点。这种设计带来更多的可能性，也就是流动性。虽然大场景是整个游戏，但核心体验由于开发技术的设定，格式化成一个个小场景。这些小场景带来个性化体验，聚集人群并完成价值认同与内容生产。在这个自由流动的环境，因为本身是末日游戏，游戏内没有法律，所以各国玩家抱团铸炼成一个个标签，通过仪式感的“唱国歌、背唐诗”进行区分，玩家也因此更有归属感去爱护群体，从而形成持续的内容生产和个性化用户体验——这是愉悦感法则。

期待感

人们对尚未处理完的事情，比对已经处理完的事情更有印象。

——蔡格尼克

何为生活意义？什么是人生幸福？我们和世界的连接是什么？期待感往往指向特定的文化表达和场景解决方案，正因为这种“期待”，延长了情绪体验的流动时间。比如让用户每周接纳一次不确定性鲜花电商“花点时间”，“想象收到的会是什么样的鲜花”会构成用户整整一周的期待。期待感还表现在长期的消费伴随，这种伴随带来的养成体验正在成为越来越重要的消费要素，譬如星球大战 IP 的年度庆典。当用户情感在时间上延伸、生长，消费的便已不是产品本身，而是满足感。从“超级碗”中场表演庞大的无人机飞行队到格莱美颁奖典礼上碧昂斯表演的全息投影，无不是为观众体验的登峰造极而设计——年度格莱美颁奖中碧昂斯败给阿黛尔，其实不过是用户思维与产品思维的分野。当几百架无人机在电脑程序控制下飞跃变换、AR 融合造就碧昂斯成为 2017 最佳现场的有力候选时，碧昂斯的下一次表演即已成为典型

斯嘉丽·约翰逊代表三次元对二次元的致敬

的独立场景备受期待。如同《攻壳机动队》电影上映，30 年前的场景预设，持续浇铸用户心灵幻想，经过 30 年用户培养，在特定机遇下以 IP 的形式再次爆发。

期待感具备情感共通性，具备故事的可言说性，也具备商业新物种价值。这种新价值意味着新的定价策略和影响消费决策的新能力。以“期待”创造新体验是方法之一，但迎合乃至扩大用户的消费情绪，也是另一条期待感路径。受益于泰国人对折扣商品的狂热，泰国的优惠券折扣购物网站再次流行。泰国 Saleduck 等折扣网站抓住这一机会，令购物者得以一站式购买大型电商网站如 Lazada 和 Expedia 上的折扣商品，从电子产品到杂货类，甚至是一流航空公司机票（折扣力度达 80%）。为从竞争中脱颖而出，优惠券折扣网站经常和合作伙伴一起，为他们的顾客推出折扣力度更大的独家优惠码。Saleduck 正是试图掌握用户对折扣商品的狂热，并在消费体验中扩大这种情绪，使“狂热”在当前消费场景持续，这种壮观是否让你想起多年前团购网站的“百团大战”？

新物种爆炸

XSPECIES

第五章 在线信用

京东金融和招行的小白信用卡不是普通的联名企划？摩拜和 ofo 的骑行记录为什么越来越重要？在线信用是利用支付场景和对互联网用户的触达优势，衍生出以数据为基础的信用代理入口。在线信用作为个人社会生活的核心资产，建构于生活场景之上，衍生出各类混合应用场景。信用指标是个体在互联社会中的新竞争维度。

无现金时代的蚂蚁金服和京东金融

2017 年 4 月 29 日，支付宝官微宣布，骑行 ofo 小黄车、永安行、Hellobike、小蓝单车、优拜单车、Funbike 的用户，可以直接打开支付宝扫一扫单车二维码进行解锁，加上此前“芝麻信用分”达到一定程度免押金的政策，可以看出支付宝争做信用入口的决心。

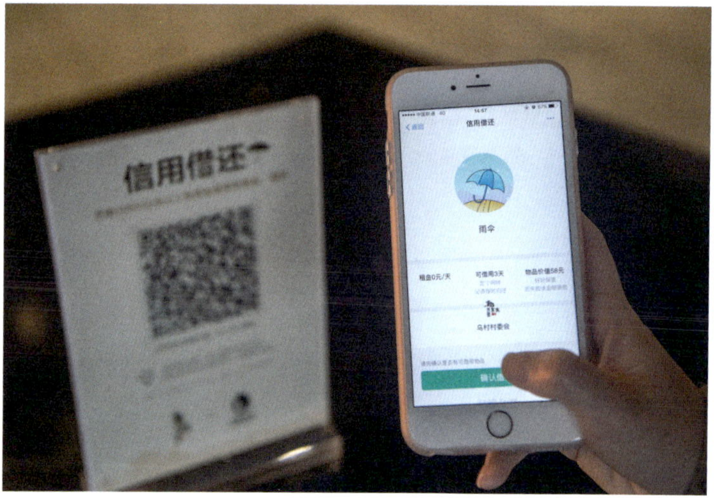

景区目的地的智慧旅游升级为信用模式，游客可凭信用积分借伞、充电宝、住酒店免交押金

2016 年“双 11”前几天，蚂蚁金服旗下的“花呗”宣布提额政策，剁手族纷纷将花呗额度进行提升，超过 1500 万人参与活动，超过 300 亿元额度被提升。活动的效果显而易见，11 月 11 日零点刚过，

花呗的数据曲线陡然蹿升。“双 11”前 30 分钟，使用花呗付款的交易数达到 3802 万笔，为天猫“双 11”承担了 28% 的支付笔数。“双 11”当天，花呗就完成超过 1 亿笔付款。消费者在使用花呗后，月度消费能力大约能提升 10%。月均消费 1000 元以下的人群，在花呗拉动下月度消费金额更是提升 50%。而每年京东“618”期间，京东白条使用频次也会大幅拉升。

京东白条、蚂蚁花呗自上线以来即引发互联网消费信贷潮流，极大促进移动支付和消费金融发展，也释放了社会消费潜力。依据大数据的授信模式，依托电商平台内积累的数据，提供即时申请、即时审批的服务能力，审批通过后可立即用于购物支付，与消费购物过程无缝结合在一起。

加上微信支付的普及，我们可以说，无现金时代比我们预想中更快到来了——这背后是在线信用的场景拓展。

“我们在阿里小微金融服务这块做了很多工作，我们想做的不是金融，是信用体系。”早在 2013 年 11 月，马云在中国首家网络保险公司众安在线的成立仪式上，谈及信用时如是说，“中国不缺金融，缺的是一套消费者的信用体系。”如今，阿里小微金服化身蚂蚁金服，马云早已提及的信用体系在 2016 年也初见规模，淘宝、天猫所形成的信用体系和支付宝、芝麻信用所形成的信用体系，在生态链场景的应用越来越普及，并快速推动了各种业务信用标准化后的扩展场景。

截至2017年4月，蚂蚁金服已与超过200家银行、60余家保险公司合作，为消费者提供2000多种保险产品。同时，它也获得了国内最全的金融牌照：第三方支付、基金销售、银行、保险以及在审批中的个人征信、证券牌照。2016年，从线上到线下，蚂蚁金服在诸多场景中出现：餐饮、超市、KTV、打车、单车……支付宝是典型的支付新物种，它是中国商业史甚至世界商业史上第一次同时拥有用户、数据、资金和IT能力的金融机构，而且还在疯狂扩张中，从单一的支付宝，到几乎什么都能做。所以，如果说京东最有可能成为中国最富效率的智能商业体，那么阿里巴巴未来最有可能演进的新物种形态则是以AI为基础的新信用体系，两者瞄准的都是社会基础设施级别的商业目标。

马云对“新金融体系”发表了见解：新金融体系要改变过往的“二八原则”，去帮助、支持那些没有获得很好金融服务的80%长尾人群，为人们带来更加个性化的金融服务。如今，余额宝已让理财走进每个人的日常使用，花呗用户超过1亿，其中60%的人从未使用过信用卡。花呗用户也非常年轻，中国的90后年轻人，

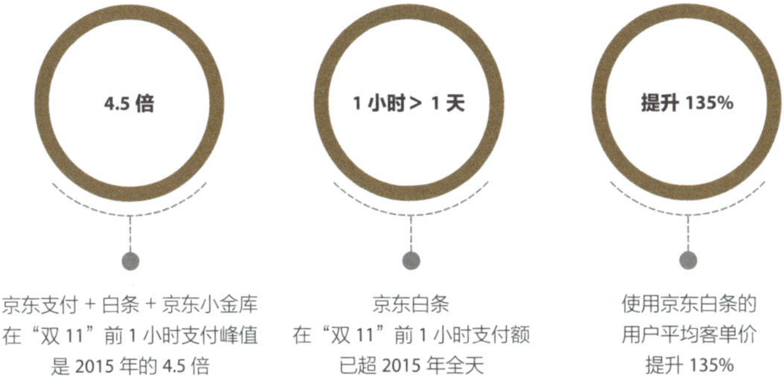

2016 年“双 11”京东白条产品表现

每 4 个中就有 1 个开通了花呗。京东金融的“京东白条”则和合作伙伴共创账户打通的流动体系能力。京东账户的信用数据已不仅仅是信用额，而是京东众创的生态链体系信用数据积累，囊括衣食住行游购娱将近 40 家公司，这 40 家公司的在线账户沉淀数据完全足以支撑更加高效的基于消费金融产品的快捷交付，完整地让信用甄别流程效率提升了 400%。2017 年 7 月，京东金融和招商银行信用卡联名推出“小白信用卡”，就是精准针对年轻人市场的信用产品。

科技感、高颜值、紧扣年轻人生活方式场景，抢占年轻消费心智，与信用消费的互联网＋趋势一脉相承，是京东金融年轻化战略的具体表现。京东金融、蚂蚁金服为全球7亿消费者带来的普惠金融服务，通过数据优势、场景交易优势整合，还将不断延长信用链条，从各自领域向外扩展。而在线信用基于消费场景和数据技术，重构金融产品和服务，伴随个体金融化进化，最终将实现消费升级和无现金社会建设。

在线信用正在成为共享时代个人的核心资产

何为在线信用？在线信用是互联网公司利用支付场景和对线上客户的触达优势，衍生出以数据为基础的信用代理入口。在线信用作为个人社会生活的核心资产，建构于生活场景之上，衍生出各类混合场景。在线信用和支付最终比拼的是应用场景与即时数据，信用资源的即时性交互与反馈构成了个人与组织协作的基础，更表征个体互联网生存的财务价值。信用也将是个体在社会中的新竞争指标。从信用卡额度到车贷、房贷，到 Airbnb、优步、神州专车，ID 化生存是常态。无抵押是趋势，规避无抵押风险的工具是信用参数与数据评价。无论是个人或企业，都可以对信用风险及时有效的把控，进行标准化的匹配、分类或建档。首先解决信息不对称的原始问题，同时结合应用场景的实际需求，打造定制

《黑镜》所隐喻的社交网络困境

化的解决方案，是保证个体或产品最终胜出的关键。此间最大的操作难点是数据的开放共享与有效流动。

Netflix 出品的英剧《黑镜》第三季描绘了这样的场景：主人公跟任何人见面的时候，都会出现一个互相评分机制，每个人都有自己的信用分，信用分决定你能不能坐火车、乘坐何种等级火车、能参加什么样的派对、进入什么样的场所。每个人都能通过终端去调阅对方的社交记录，登录对方的社交平台，看到对方的社交数据。蚂蚁金服旗下的芝麻信用也有类似的评分机制——“芝麻信用分”，也许在未来会成为一个人一生中除高考分外最重要的分数。如何让芝麻信用分暴涨的攻略、秘籍在网上层出不穷。芝麻信用达到700分的用户有机会简化新加坡签证流程，不用再提交资产证明、在职证明、户口本等等一大堆资料。750分以上可以申请简化卢森堡申根签证流程，在欧盟申根国家自由出入；在“我爱我家”租房的时候，可以免押金、房租月付，并且在每月正常交租日的基础上可以延后15天交租……

作为蚂蚁金服旗下独立的第三方征信机构，芝麻信用通过云计算、机器学习等技术科学，客观、公正地呈现了个人和企业的信用状况，已经形成芝麻信用评分、芝麻信用元素表、行业关注名单、反欺诈等全产品线。从信用卡、消费金融、融资租赁、抵押贷款，到酒店、租房、租车、分类信息、学生服务、公共事业服务等，芝麻信用已经在上百个场景为用户、商户提供信用服务，众多用户享受到了信用的便利。芝麻信用在2015年初上线，两年内提供信用查询和便民服务已经超过5亿人次，超过2000万人因此获得了金融机构的授信，授信总额度超过1000亿元。

从以上案例可以看出，在线信用产品有效刺激和培育了用户消费习惯。新金融未来10年的新秩序已经开始在2016年、2017年逐渐成形，蚂蚁金服、京东金融、百度金融、财付通等互联网巨头系公司无疑代表了新金融未来的主流。零售平台国美、苏宁等也通过线上线下两种渠道发展，实现产品、服务、数据和风控的打通。同时掌握流量和场景的 OTA（在线旅行社）则把金融业务作为盈利的重头戏，携程、去哪儿等公司都已经从保险和消费分期业务着手布局。传统制造业公司海尔、美的、TCL 也都已手握牌照，凭借产业链优势拓展金融业务。51 信用卡作为信用卡金融综合服务平台，从实体信用卡账单管理起家，经过数据积累、流量变现到金融生态衍生的商业化过程，以此为入口布局了小额信贷、理财、分期等金融业务，重新构建了线上信用卡场景。51 通过“51 信用卡管家”“51 人品”“给你花”和“51 人品贷”等核心 App 矩阵，建立 iCredit 大数据风控系统，成为在线信用基础设施领域的重要玩家。

只要设计好具体的应用场景，但凡有消费信贷需求的产品都可以通过信用风险管理，以及把控合理的分期功能，吸引消费人群并由此产生信贷产品带来的利润。而标准化的信用风险管理体系是保证消费信贷坏账最小化的最有效手段。据此可以预测，汽车互联网金融将会是巨大的风口，“瓜子二手车”和“优信二手车”在汽车使用过程中的金融产品设计才是有效的盈利能力。共享经济时代，分期、信用、评分、等级、众筹成为个体重要资产，航空卡积分、电信运营商积分、微博信用分、滴滴账户和京东账户等级都在决定我们的信用层次和信用质量。

基于新场景规则下的信用衍生

在线信用的应用逻辑不止于金融产品。事实上，合理的消费场景、优质资产与资金的对接能力均可催生在线信用。标准化的信用体系更可以精准应用到不同场景，在风险可控的前提下扩展消费需求。将信用体系在各类场景进行数据化设定，构建不同应用场景的消费生态，即可产生信用衍生的空间。二手物品交易平台“转转”就是新消费场景催化出的，基于人与物、人与平台信用关系的在线信用新物种。

相比于 B2C 的信用体系，转转则是将信任体系延展到了人与人信任的建立。作为充分引入微信社交关系的二手交易平台，转转以微信为登录入口，通过社交关系帮助买卖双方获取信任，并辅以买卖双方身份和联系方式可追溯的设置，形成约束力，发生纠纷时可追溯至个人。转转还引入芝麻信用认证等数据信息，进一步提高了用户可信度。同时通过担保交易等规则，为用户打造真实可信的闲置交易环境。换言之，转转所创造的是具有“社交气质”且拥有更友好氛围的信任。

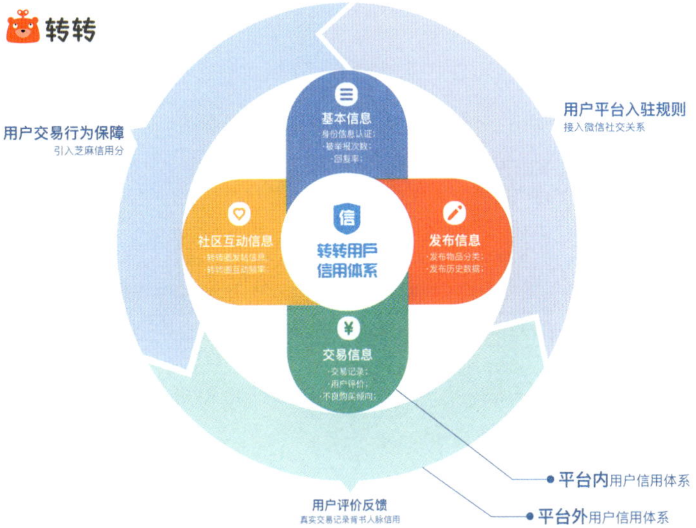

针对 C2C 二手手机交易，转转设立了优品验机服务。卖家将手机寄到平台验机中心，由平台质检工程师检测并出具电子验机报告，在买家确认购买后，由平台发货给买家。平台还上线“30 天质保”服务，通过验机检测合格的手机，平台都会提供 30 天质保，让买家无需顾虑售后。一系列的平台规则为转转建立起标准化信用体系，从而支撑起二手物品高效交易的消费生态，也为信用衍生提供了想象空间。因此不难看到，首轮就获得腾讯 2 亿美元和“58 腾讯”强大资源支持的转转，亦是寄托了双方更高的期待。不论是对于腾讯体系二手交易板块的补足，还是 58 从信息服务到交易维度的转变，都让转转有了更多的可能。而快速发展的

转转的确适应新世代的信用习惯，开创了全新的闲置物品交易品类，想象空间巨大。

在线信用除了降低交易成本、提高金融效率外，还成为建立互助的场景规则。如前文所述，在线信用最重要的是衍生出以数据为基础的信用代理入口。如水滴互助、轻松筹、汽车互助保险这些互助产品，与传统共享经济模式有很大不同。过去汽车使用过程中的很多数据采集结果其实都没有被真正进行商业和效率的匹配应用，而随着大数据应用的不断发展，互联网互助保险平台成为可能，同时也有更多信用代理入口正在被发现。例如“e 袋洗”成为邻里互助产品的可能。洗衣是信任代理的入口，通过这样一种信任入口和口碑分享，e 袋洗完成低频和高频场景的转化，从洗衣的中高频服务切入，e 袋洗的小 e 管家可以进入用户家庭。与此类似，好慷在家、回家吃饭、彩生活等基于社区场景的社区电商、物业电商，都需要新的信用来定义。可以预设一个场景：中产阶层家庭都面临着关于空巢老人的隐痛，也面临着关于孩子接送上下学的实际场景痛点。那么“e 代驾”能不能从酒后代驾场景，把信用延伸出一个全新的产品策略？ e 袋洗能不能从洗衣的信任场景延伸到空巢老人的看病、孩子的上下学接送？所有实际的场景痛点，都有机会通过信用完成新的定价，因为信用是超越价格敏感性的存在。

基于网络化个体的信用衍生，同样也是在线信用的表现方式。在线生活沉淀下的“口碑”数据，成为时下个体最重要的网络资产，从斗鱼主播到知乎大V，从微信公众号到国航终身白金卡，这个时代独有的头衔和身份定义是新信用标识。在线信用体系是网络化个体“从ID到IP”的基础设施，也正在成为“新个体”的评价指标。

区块链正在构建全新的全球信用体系

“Fintech”（finance和technology的合成词，金融科技）和

金融与科技正融为一体，催生Fintech热

区块链的热度已经发酵到了2017年，互联网金融一词正在被“fintech”代替，这意味着这一领域正在回归到技术的位置。

区块链是一种未来全球信用的基础协议，本质是一公开的分布式账簿系统，其中有多个节点，由去中心化的多方共同维护、有统一共识机制保障。在这个账本上，不可篡改信息、不可溯源。在区块链上，互相不了解的任何人之间可以借助这个公开透明的数据库背书的信任关系，完成端到端的记账、数据传输、认证或合同执行。

比特币是区块链技术比较成熟的应用，它倡导以密码学算法的证明机制替代对信任的依赖，从而建立起一个具有不可篡改特征的支付记账网络。超越常规意义上需要依赖中心的信息验证范式，进而降低了全球信用的建立成本。Magister Advisor 调查认为：2017年，美国金融机构花费在区块链的开发和研究上的资金预计不少于10亿美元。

区块链行业公司随着技术成熟不断浮出水面，一些企业，甚至银行也在一些新业务中尝试区块链的应用。各家厂商也正在根据实际应用需要对区块链的底层做一些改变，试图让其更加符合实际应用场景。“布比”是一家将区块链技术进行商业应用落地的中国创业公司，它抛弃比特币的挖矿算法，因为机构之间不需要通过挖矿模式建立信任。

在应用场景方面，布比将区块链技术落地应用在积分、供应链管理云平台、网贷平台等场景，帮助这些领域里的公司搭建区块链底层技术。布比帮“格格积分”建立了区块链底层系统，打通不同商家的积分，登记在区块链上，用户之间可以转赠积分，进行自由流动。积分方面，区块链可以帮助积分平台之间共同参与交易验证、账本存储、实时结算；让商户、积分发行方、第三方支付平台进出更灵活；激活存量积分，满足商圈内不同商户的积分兑换。区块链的不可篡改、不可溯源的特征，可用于供应链管理。布比还和供应链平台物链合作，打击供应链上的假货，如对内蒙古的羊肉进行区块链改造：从生产开始，把商品信息制成二维码，印刷在羊肉包装盒上，再将这些二维码信息登记在区块链平台上每个运输环节，如果出现假货，商家就可以在区块链上查到负责方和商品的去处。

所以说，布比的区块链平台可以促使参与方共同建立和维护一份各个环节认可的统一凭证，并且除了凭证之外的项目执行过程都有完整的履约记录和追踪，降低金融机构风控难度和中小企业融资难度。

区块链基础服务平台目前的应用，主要集中在快速交易验证、高效账本存取、多种资产发行、联合签名控制、内置智能合约、链上交易所等领域。畅想未来，现在人们办理出生证、房产证、结婚证等都需要政府背书，但一旦跨国就会遇到很多麻烦，传统的信用执行系统成本非常高，而未来信用是靠每台电脑成为记账人来实现。当全球信用体系建立起来，很多问题都可迎刃而解。

阿里研究院院长高红冰认为，“传统金融的信用建立在钢筋水泥的大厦上，而未来的信用是建立在区块链的数据上。”仅仅靠互联网公司大数据产生“信用”是远远不够的，区块链作为网络世界运行规则和技术的全新探索，有助于构筑去中心化的信任社会。

在线信用的三个层次

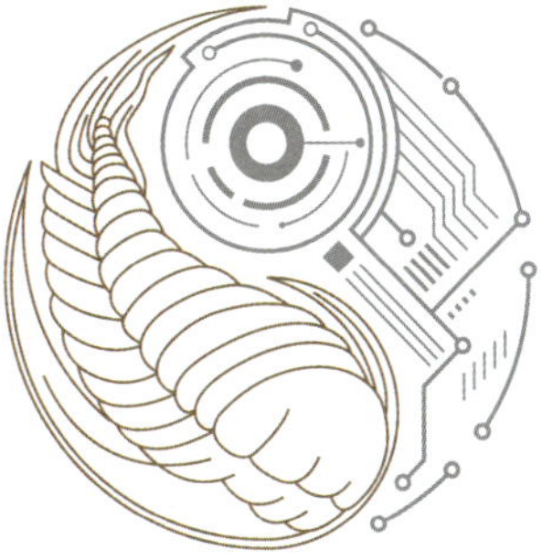

新物种方法论

在线信用在不同的场景中体现了丰富的层次性和延展性，信任链条可能是从某一个场景切入，也可能来自分布式数据的沉淀。在线信用的深入不仅极大提高交易效率，也有效促进了移动支付和消费金融的发展。在线信用是新物种的重要属性，换言之，新物种自带在线信用机制属性。

第一，新场景规则衍生新信用

在线信用以应用场景作为入口，实现信用资源的即时性交互与反馈，是个人与组织协作的基础，更是互联网生存的财务价值，在信用交易中发挥着较大的杠杆作用。从一个场景切入，延长信用链条，延伸到生活其他场景，进而创造出新的品类。斗米兼职、滴滴司机、新达达快递员不仅是零工时代的“斜杠”要求，也是新场景的解决方案。

第二，个体人格 IP 化、网红化的在线信用

基于网络化个体的道德观与价值观信用衍生，形成了 IP 化、网红化的在线信用。在这个层次中，在线信用资源可以形成价值的互换与互助，也意味着在线生活沉淀信用数据化能力。《魔兽世界》在游戏之外，不仅是社交利器，还能完成更多的利益共创和价值共建。《福布斯》30 岁以下精英比投资人或公司 CEO 更容易成为个人名片。同理，冯大辉不是丁香园前 CTO，不是无码科技创始人，而是小道消息主理人；王强不是真格基金联合创始人，而是读书人和未来大奖评委。也就是说，我们真正定义的标签，正在发生完整的、新信用链条的逆转。网络化个体的道德观与价值

观衍生的信用，会成为未来互联网金融机构和传统金融机构房贷、消费贷最重要的判断依据。

第三，大数据沉淀的全球信用体系

技术发展带来的大数据沉淀，催生了全球信用体系建立，例如区块链。我们在未来全球化的信用体系中，将更加依赖于互联网算法构建的全新信用能力。比如律师事务所应该具备软件和区块链编程方面的新专业技能，服务是智能合约模式，现行的按小时付费模式需要反思重建。甚至礼品卡行业和本地生活服务企业都可利用区块链在账户内追踪现金流，大幅降低每次交易成本，并加强安全性。

在线信用带来商品人格化，服务体验化，连接温度化，资产数据化，信用场景化。社交货币和比特币成为真正的货币指日可待，智能投顾可能是伪命题，但无现金有信用的确是真命题，我们随时在线，从不离线也不能离线，每一次轨迹都酝酿着“勒索病毒”一样的新物种可能性，是携程订单，是大众点评，是微博转发，也是京东“618”和天猫“双 11”的辉煌购物战绩。

新物种爆炸

XSPECIES

第六章 设计力

猫王收音机作为新品类被设计，而不是作为收音机被工业设计。川久保玲的时尚之旅是文化设计的恒久价值。设计力不是设计。设计是商业工具范畴的功用，是通过合理、愉悦、人性化的设计让产品实现商业价值最大化；而设计力是创造性的商业思维和方法。设计力的三个层次分别是产品设计、文化设计和商业模式设计。

设计力是创造性的商业思维和方法

猫王原木复古收音机是收音机设计，而猫王小王子的故事和陪伴是设计力；口红是化妆品设计，而 YSL 圣诞限量版星辰口红和 Bobbi Brown 金管口红的社交属性是设计力；小黑裙固然是品类符号设计，而线上线下融合体验承接及会员体系、商品物流的全数据管理是设计力。

猫王收音机以 IP 姿态重新定义收音机并力压诸多蓝牙音箱品牌

设计与设计力的区别在于：设计是商业工具，是如何通过合理、愉悦、人性化的设计让产品实现商业价值的最大化；设计力则是创造性的商业思维和方法，是包括产品设计、文化设计、空间设计、用户体验设计、商业模式设计在内的丰富、多重、结构性的商业能力。作为新物种商业基因，设计力需要进化出全新的连接方式与话语体系。

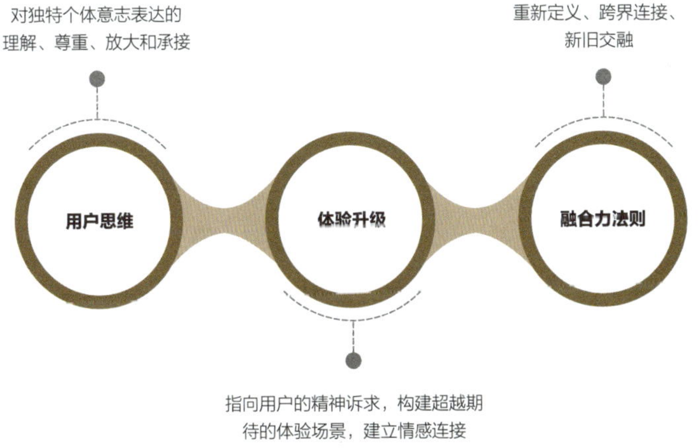

设计力的三个基础原则

设计领域曾提出过经典的“五感设计”理念，认为一款产品的设计不应只着重在视觉和触觉上，更应融合视觉、听觉、嗅觉、味觉、触觉五种感受，才会带来更为惊喜而美妙的体验。日本工业设计大师深泽直人则提出了“无意识设计”，也称为“直觉设计”，仿佛设计的“第六感”，强调的是关注细节的用户哲学，“将用户无意识的行动转化为可见之物”。田中一光在《设计的觉醒》一书中也提出“手法可以借鉴，概念绝不混搭”。这些被设计界奉为圭臬的理念，也道出了设计力的底层逻辑——用户思维、体验升级、融合力法则，它们直指新商业时代游戏规则的变化核心。

用户思维，是用户价值观导向的设计哲学，是对独特个体意志表达的理解、尊重、放大和承接。bilibili 表面是弹幕视频网站，但通过参与感的运营规则设计，充分调动了用户的注意力和内容创造积极性，良好的 UPGC（用户与专家生成内容）机制保证了类似《拜年祭》、《古筝千本樱》、papi 酱等 IP 的用户输出。快手也是如此，简单、朴素且克制的产品设计逻辑使用户易上手且乐于分享，以 GIF（图像互换格式）、短视频和直播为主要分发形态的内容更是让信息流用户欲罢不能。

体验升级指向精神消费时代对用户的情绪诉求和文化诉求的满足，核心是捕捉用户的心智信号，构建超越期待的体验场景，与用户建立基于文化认同的情感连接，本质是创造不确定性，完成用户预期管理设计。知乎的“盐 Club”线下活动产品就是通过大 V 见面稀缺性的仪式感设计完成用户黏性强化，而张佳玮、李老鼠也在盐 Club 活动中被赋能为 IP。

融合力法则，是混合与重混，是边界溶解，包括重新定义、跨界连接、新旧交融，是商业创新的内容规划体系。近年来流行的复合空间就是通过不确定性设计用以升级用户体验的新零售方法。内外（NEIWAI）品牌内衣体验店选择和运动健身品牌 Curves 合作，不仅缩短从购买产品到体验运动的过程，且联动内容更有场景感和内容力。与例外服饰选择融入方所空间近似又有不同，之禾服装直接打造之禾生活空间，融服饰、策展、书店、法式餐厅为一体，品牌内容的多样性采集能力被强化，与用户的沟通更加可视化，效果自然事半功倍。

将用户未被充分表达的诉求、小众但稳固的亚文化表达、潜流涌动的生活方式等，经由设计力范式进行创意性构建，用足够独特的场景组合进行承接，用新的意义进行恰如其分的输出，用新的商业模式完成承载，以此诞生真正符合新消费精神的新品类、新品牌，正是设计力的演绎路径和方法论价值。加拿大瑜伽服饰品牌露露柠檬近年来复活的商业要素链条即是如此组合：瑜伽深度流行的品类化、每日媒体化的主题策划、围绕瑜伽的活动空间、健康轻食的心理暗示和持续运动的情感联系，使瑜伽服饰扩展为新的品类赛道，是品牌即品类的范例。

产品设计：设计超越期待的感受

新一轮消费升级中，美学消费成为新的商业机会。但美学消费的本质不是感官经济，而是意义经济，它追求的是美之于内心的意义所在，因而体验升级是新消费精神的核心，指向的是审美文化与连接效率，本质在于能否以超越期待的体验形成与用户的情感连接。因而，设计超越用户期待的体验与感受是产品设计力的核心所在，它通过用户情绪涌现激发出新的连接机会，需要的是对用户心智的洞察和体认，是功能与美、设计与人性、场景与情感的融合。

手机 QQ 推出的厘米秀是 PC 时代 QQ 秀在移动端的一次完美迁徙：从表情包设计入手，2016 年 1 月开始迭代，通过“偷胶囊”小游戏黏住用户非聊天场景的零散时间并引入互动形象机制，短短三个月用户即达上亿，厘米秀部落用户已经跃升到《天天酷跑》游戏部落一个级别。其中的关键词是聊天表情包、非聊天场景小游戏和互动装扮秀——典型的手机 QQ 用户画像。

科技音响品牌 Sonos 经过深入调研，发现全球 70% 的用户喜欢将电视机放在电视柜上，包括中国为数众多的乐视和小米等智能电视用户的此项比例更是高达 80%，于是 Sonos 在 2017 年一季度发布了专门放置在电视机下的超薄音响设备 PLAYBASE。这个既是家庭影院又是在线音乐音响系统的解决方案，是无线便利性需要，也是音乐随时随地嵌入生活需要，更是音质细节提升需要。所以一方面 HiFi（高保真）会成为手机功能点，另一方面音乐播放器又和黑胶唱片一样悄悄复活，在 iPod 被苹果产品体系边缘化的今天显得不可思议又顺理成章。

Pantone 在发布 2017 年流行色草木绿后，与 Airbnb 联手推出了一个跨界合作，在伦敦以草木绿打造一间民宿。整幢房子的装修，从主体色调到厨房一个小小的玻璃杯，处处使用草木绿，一推开门就完全沉浸在一片生机盎然的绿意里，草木绿的“热情”“活力”“希望”真正被切实感知。房屋装修秉持“可持续和自然”的生态理念，全部使用可回收材料，民宿内还为住客精心设计了各类符合草木绿调性的体验式活动。

这次跨界合作在 Airbnb 的联名营销中似乎司空见惯，但对于 Pantone 的意义似乎更大——流行色从时尚圈中走出，在生活场景中拥有被重新表述和演绎的机会。颜色是设计的一部分，而设计的最终意义是进入生活方式的无意识。经由一间民宿的沉浸式体验设计，作为工具的色卡、作为时尚指标的流行色成为一个个具体可感知的生活细节，色彩通过生活空间、居住环境、日常器具与生活和人有了真实交流及情感传递，色彩属性逐渐被赋予情感寄托、生活意义和人格特征，色彩构建的场景也因这样的连接交互升维成新的生活方式表达。

设计体验与感受，就是设计让用户情绪涌现、情感连接、意义承载的新消费场景，这个新场景可以是如草木绿民宿这样的体验空间，也可以是一部带来无与伦比体验的沉浸式戏剧——《不眠之夜》（*Sleep No More*）。

沉浸式戏剧《不眠之夜》在纽约上演后迅速在全世界引爆，它以莎士比亚的“四大悲剧”之一《麦克白》为剧情原型，讲述的是由权力贪婪所引发的一个又一个直指人性弱点的阴谋。然而，这部剧不是“看完”，而是“跑完”的……在亚洲首演地上海，剧方将市中心一座5层的废弃大楼改造成了故事发生地“麦金侬酒店”，进入后观众被戴上白色面具，随着剧情展开跟着演员在麦金侬酒店中跑来跑去，时不时还要与演员对戏，而不经意中触碰的某个小道具便有可能解锁特定的关键剧情。更加烧脑的是，多条支线与主线同时上演，你选择跟随的演员不同，到达的地点就不同，因而看到的剧情也就不同，最后需要根据线索推理出整个故事的真相。所以很可能整场看下来，观众还是一头雾水。但是又有什么关系呢？在充满阴谋、悬疑、惊悚的戏剧场景中，一次血腥到通透的人性体验才是最大的意义赋予。

浸没式大行其道，与体验升级相关，也因此对体验设计提出了更高的要求

“人性体验”就是这部沉浸式戏剧所定义的全新消费场景。通过全感官、参与感、卷入感的体验设计，完全引导观众将情绪代入剧情的层层推进，并让其在猝不及防的戏剧冲突里直面人性这个深刻、复杂却足够引起每个人心理共振的人生终极问题。《不眠之夜》也在设计力的构建中，完成了从“戏剧”到“人性体验”的意义变更。

“体验”是新场景中产品设计的核心，“情绪涌现”带来新的消费机会或支付机会，设计力正是构建体验式产品新物种的核心能力——有今日头条，为何还有即刻和 MONO；有大众点评，为何还有味觉大师和 Enjoy；有携程，为何还有同程和麦淘亲子游？

文化设计：最重要的事只有一件

商业新物种的进化过程中，必须具备持续的动力机制，这个动力必然来自内容力，它是新物种表现长久生命力的关键所在。在打造内容力的过程中，所有的内容产品、传播路径、连接机制必须从内在逻辑服从于顶层的文化属性。只有文化统领才能形成内容间的意义互洽，激发内容的结构效应，并最终构成文化认同的唯一性辨识，这便是文化设计的核心所在。否则即便在当下看似独特、流行，因缺乏文化设计的内驱力，其本质也必将是脆弱、没有生命力和不可持续的。我们下面提到的诸多网红餐厅和餐饮品牌即有此隐忧。

从方法层面去理解文化设计，可以提出一个概念——最重要的事只有一件。什么是最重要的一件事？对于质造是“生活仪式感”，对于熊猫精酿是“最有中国特色的文化精酿”，对于小罐茶是“苹果思维创新中国茶体验”，对于壹果科技、小小包麻麻是“妈妈经济”——必须是独一无二和不可替代的，是能够形成差异化识别的文化符号，只有文化的唯一性才能成就消费者的第一性。

2016 年你可能被一篇文章刷屏——《他在 LV[①]边上开了家烧饼油条店，火遍上海滩，网红们为吃上一口甘愿排队两小时》，这正是连锁餐厅桃园眷村团队策划的爆文。这背后的策略是什么？因为餐厅承载的是越来越多的娱乐属性、社交属性，吃本身已经不是最重要的诉求，签到、拍照、分享才是。所以餐厅开在哪里定义了调性，餐厅的颜值决定了值不值得被分享，餐厅的文化属性代表了值不值得被讨论。虽然是简单平常的豆浆、油条和饭团，但从食物品相到餐厅环境，桃园眷村每一个细节都展现着超高的颜值，每一个角落都可以拍出好看的照片。手工细细研磨的古早味，浓浓的对逝去旧时光的怀念，甚至盛豆浆的碗都会猝不及防来一句暖心表白——“我愿意为你磨尽我一生”，满满的话题热度让桃园眷村在社交网络被引爆，成为现象级的网红餐厅。互联网招聘网站 BOSS 直聘在一众平台中脱颖而出，是因为产品设计暗合了移动互联时代的组织平等原则、雇员与老板直接对话的效率要求和人力资源的民主化趋势。价值观层面的领先度决定了这款 App 对传统招聘网站的降维打击。

要做与众不同、占据用户心智的独特性，这是文化设计告诉我们的道理。桃园眷村的阶段性成功似乎证明了这一点，然而隐忧在于，持续性在哪里？是产品持续创新，还是服务体验的差异化？韩寒“很高兴遇见你”餐厅遇到的是相同的拷问。网红易逝、IP 长存，

---

① LV 即路易威登。

时间让国民岳父餐厅渐冷，时间也会杀死桃园眷村，如同 2017 年初大热的各类茶饮。

因味茶走出了一条不同的路：精心打磨产品力，持续创新年轻态茶饮，但更重要是建设内容，营造氛围，唤醒社区价值。创始人缪钦认为，产品渠道可以是电商或线下门店，用户体验可以是服务或口碑，但因味茶的本质是创造体验，让分享、社交、知识、办公等年轻态需求围绕因味茶的产品力和空间功能细节展开，因味茶最重要的一件事是“有茶的空间体验”——重新定义下午茶。阿迪达斯旗下的运动品牌锐步（Reebok）也在 2017 年找到了自

因味茶已经开始形成自身的产品美学语言

己最重要的一件事：聚焦运动健身。锐步找来中国最时尚爷爷王德顺担任品牌形象大使（出生于 1936 年的王德顺因在 2015 年北京时装周半裸上身走秀而为众人所熟知），锐步希望借助王德顺的形象重塑人们对老龄化的看法并将集中精力发展健身品牌，2017 年开设 50 家集零售、健身于一体的 FitHub。即便在耐克“创变，绝不停”（KISS MY AIRS）、阿迪达斯 Originals“原创不息”（original is never finished）、安德玛（Under Armour）“I will. 我的意志”这些态度压力下，锐步“挑战式健身”的理念和成为中国最好的健身品牌的目标仍旧值得期待。

| 商业模式设计：基于效率或信用的独特性

立足用户追求自我的精神表达，个体崛起时代商业规则的逆转，传统商业模式必然面临颠覆。在底层逻辑的改变中，同一维度中的“更好”已无法跨越曲线持续增长，升维打击或降维攻击的“不同”才是突围关键，代表着设计力的颠覆式创新。

在设计力构建更具扩展性的商业模式里，整个商业路径的内容力、连接势能、人格化背书、新技术整合、流量变现模式都在被重组。内容力表现为边界融合、意义自生长的混合内容，连接势能在于更开放的姿态和更强的多元跨界能力，人格化背书在于品牌的魅

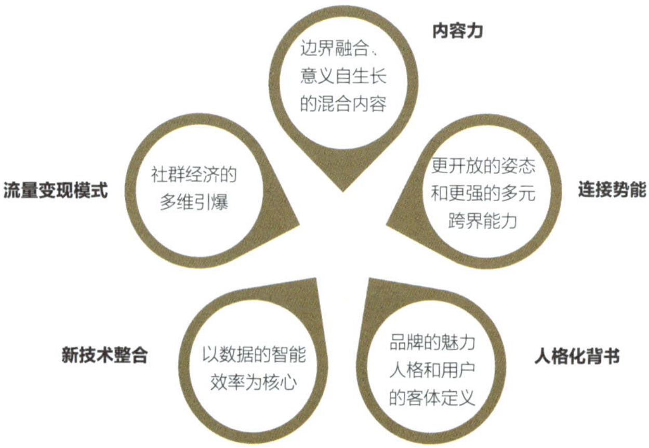

设计力构建更具想象力的商业模式

力人格和用户的客体定义，新技术整合以数据的智能效率为核心，流量变现模式在于社群经济的多维引爆。日本设计师川久保玲的时尚概念店丹佛街集市（Dover Street Market），恰如其分地展示了设计力对商业模式的建构。

川久保玲以不规则的解构主义在时装设计领域独树一帜，作品中的大胆和冲突常常让整个时尚界陷入迷思。丹佛街集市在风格上是一家集市型买手店，灵感来自伦敦 Kensington 集市，“杂乱的美感”是其最大的特色。从店内的空间设计到商品摆设，让来访者有种逛集市的“热闹感”，奢侈品牌、街头潮牌、实验性品牌

川久保玲对时尚产业的理解是丹佛街集市文化设计之源

混杂在一起却并不冲突，在店内空间氛围的营造中拥有迷之和谐。

相比于时装店，丹佛街集市更像博物馆，古着、复刻、复古艺术装置、先锋摄影、珍藏杂志等被陈列在空间中的各个角落。同时足够独特、先锋、有态度的设计作品才能经得起艺术陈列的考验，即便是古驰、蔻依这样的大牌，也只能以联名设计的独家款在店内占据一席之地。如同博物馆更换展览一样，丹佛街集市每隔半年会关闭一周重新设计店内空间。

在丹佛街集市看似混乱的空间中，汇聚着来自各个国家的新锐设计师作品，它们各自散发着独特而美丽的光彩，与“杂乱的美感”进行着冲突性的内容创造，丹佛街集市也由此成为一个新锐设计师的孵化平台，当红的俄罗斯设计师戈沙·鲁布钦斯基（Gosha Rubchinskiy）、英国设计师凯蒂·罗伯茨－伍德（Katie Roberts-Wood）、中国设计师组合 SHUSHU/TONG（雷留树、蒋雨桐）等均在其列。

川久保玲打造的奇幻世界，是其“通过时装鼓励人们追求自由独立”的文化表达，和持续的人格化内容输出，是“独立意志、自由表达”的设计理念演绎，是以联名设计、体验式复合空间、新锐设计师孵化平台这一混合内容机制构建的多维流量变现模型，是充满想象力和连接势能的新商业模式。它既有潮流设计的先锋属性，也有奖掖后进的大师情怀。丹佛街集市设计力的核心是“全球设计发现者”的文化定位——川久保玲模式的核心是信用。

另外，心怡科技用大数据改造物流供应链，智臻网络用小 i 机器人改造传统客服都说明基于效率痛点的创业机会比比皆是。而在线教育领域的 VIPKID，则是效率与信用的结合典型——外教在线少儿英语教学，随时上线的效率与可视化外教的信任同样证明了共享模式的神奇之处。

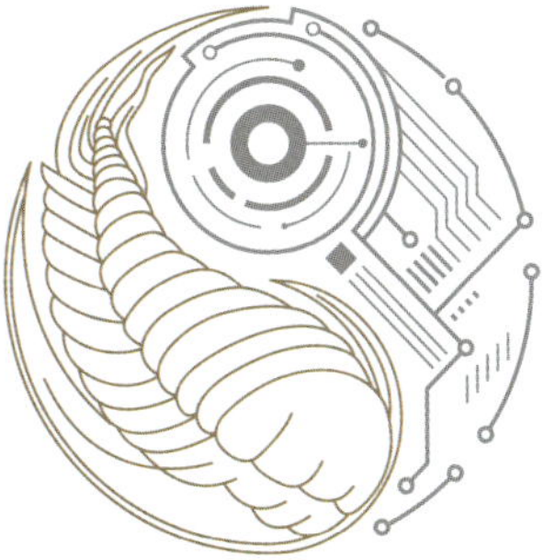

新物种方法论

对商业新物种基因的设计力探讨方向，早已跳出商业工具的功用，而是作为创造性的商业思维和方法，源于对社会观念与人性洞察的创意性提炼，而成果又反向促进用户审美观念与新消费精神的形成。

┆对社会观念与人性本质的敏锐洞察

连接科技与人文，融合运用跨学科知识，基于对用户的行为观察和心理探知，基于对社会观念和潜流生活方式的洞见，洞悉用户痛点，通过设计构建产品力，带来基于美学、基于人性的商业创新。这在空间设计领域被安藤忠雄、隈研吾、丹下健三、吕永中、张永和等熟练运用的理念应该像美国 IDEO 公司的创新设计一样大规模推广到互联网的所有商业维度。

┆基于认知升级对用户痛点的创意性提炼

从对用户痛点的洞察到对背后心理动因的探究，找到合理且符合美学精神的场景解决方案、升级体验，形成依靠设计力驱动的跨领域商业方法，就有创造新价值的商业机会。全球最大的鼠标企业罗技在收购 UE 和 Jaybird 后，正在由工程师驱动变为设计师主导，例如做蓝牙音箱，不是从蓝牙技术或者音箱本身推动出发，而是从用户角度归纳痛点，由设计师推动产品研发流程：消费者是不是要聚在一起听音乐，圆柱体是否更科学；海滩边或泳池边如果是高频听歌场景，防水和音效怎样平衡——设计力让罗技公司真正转型为一家数码生活方式类公司。

¦ 反向机制完成用户认知的迭代

在设计力的驱动机制中，更多时候不是对用户的追随，而是引领和反哺，是通过设计成果反向促进用户认知的完整升级，以此定义新的消费精神，新品类、新品牌也因此被创造。但不可回避的是，设计力反向作用的逆向打法，注定是需要持续造浪的过程，必须依靠持续的势能叠加，才有可能撬动用户的固有认知，引发消费精神的革新。

对设计力的理解已经被置于一个更大的商业视野，甚至是我们的生存处境。增田宗昭认为，所有公司都应是设计公司。我们看 AI 也是这样的设计逻辑：AI 与人类的关系应该是怎样的？埃隆·马斯克认为，人类要在 AI 时代不被淘汰，和机器的结合，进化为某种半机器人是尤为必要之事。诚然如此，设计力的边界也会消解，正如微整是对颜值的管理设计，基因编辑已经在重新设计“人”的时间（生命），设计力通往的终将是对人的设计：对新智人的设计是设计力的顶点，充满未知，但也必然充满希望。如果 AI 是人类超越自我的一种方式，那这种方式必然来自设计的伟创之力，蛮如洪荒，也精妙绝伦。

新物种爆炸

X SPECIES

第七章 | 混合内容

『一切商业皆内容』越来越成为共同认知。这意味着每个公司都要有类似麻省理工学院媒体实验室的 LAB 文化，以及《知日》方法论输出到《食帖》和《知中》的内容能力。内容入口抢夺日趋白热化，混合内容代表更高的内容力要求。在动态、流动性的内容生态中，新物种具备了内容的自组织、自传播、自生长能力。

内容力的迭代

Snapchat是什么？它不是阅后即焚、社交应用、智能眼镜，而是基于图片语言的年轻人生活意义的沉浸式社交场域。米未传媒是什么？它不是网综《奇葩说》、音频《好好说话》，而是代表年轻人完成独特生活态度的娱乐化表达，甚至是米未文化1.0。小米是什么？它不是手机、米家、小米之家，而是“第一不重要，酷才重要”的极客标签。以上产品所揭示的又是什么？意义取代功能，成为新物种与用户的全新连接方式，而新物种意义升维的底层方法是多元内容的混合过程。

若将整个大的商业环境变化调整到消费场景的微观角度观察，消费升级推动的就是从功能消费到精神消费的升级，解决用户在精神诉求上的痛点成为产品升级的核心。怎样创造用户体验的不确定性？《知日》团队出品的《食帖》表面是文艺范十足的小清新杂志，但因为加入评测、指南、推荐和深度报道，从媒体到导购，从信息服务切入交易决策，《食帖》的杂志产品属性因此发生了复合式改变，不再是简单媒体资讯获取的功用表达，而是混合内容的多功能集合载体，内容成为更有效率的流量入口和更具势能的连接方式。内容承载新客获取、老客留存、品牌建设与提升的诸多功能集合，并带来更具竞争力的价值空间。《食帖》选择在

《知日》的内容产品方法论被创始人苏静输出到了《食帖》和《知中》

Page One、言几又、衡山和集等文艺青年集聚的书店空间分发就成为打造 IP 的精准流量获取。借助一切新的技术手段、接口流量、内容形态，形成内容生产与分发能力。在微信文案和美食评测相互在社交网络发酵的过程中，《食帖》的内容力演进成了美食决策服务效率这一核心竞争力。《餐饮老板内参》也是这样的混合成长路径，将餐饮业互联网转型的研究报道和餐饮从业者社群运营相融合，不断发掘并持续切入 B 端痛点，行业标准、教育培训、小微金融和供应链改造等新业务内容正在成为《餐饮老板内参》的新物种表现形态。

所以，混合内容的内涵是什么？是对用户或客户深入洞察，所形成原创差异化内容的持续创造能力、传播能力和影响力重混。在新物种爆发时代，面对心智已经完成整体跃迁的用户，内容力的创造机制越来越多地表现为混合内容。“混合”强调的是内容的多元化和碰撞，是在混合过程中多元内容的边界溶解，更在边界溶解中生长出能够占据用户心智的新意义，它决定着能否构建全新细分的生活方式，以此推动新品类的创设。

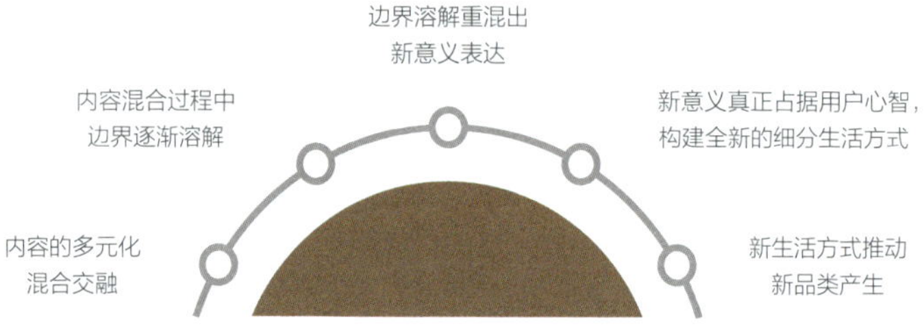

混合内容重混出新意义完成对新品类的定义和占领

“一切商业皆内容”越来越成为共同认知，内容入口的抢夺日趋白热化，混合内容代表的正是更高的内容力要求，它是持续创造多元化特质内容，让其相互渗透、相互融合形成新内容，从而生发新意义立体感和纵深感的过程。最终在动态的、流动性的内容生态中，新意义不再依靠内容开发者，而具备内容的自组织、自

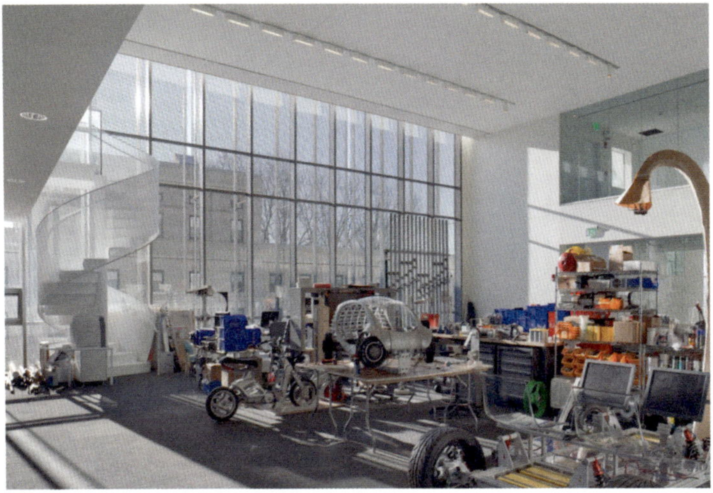

麻省理工学院媒体实验室一角

传播、自生长能力，这种混合内容机制成为实现更高效连接的内驱力，代表着更高势能的负成本连接能力，也终将发育成充满新想象的商业新物种。

麻省理工学院（MIT）媒体实验室就是这样的混合内容新物种。他们的研究方向就是没有方向。世界上绝大部分研究型实验室、学院派实验室、工业界实验室或者政府研究所，都要求你所得到的项目资金必须与研究方向一致，比如治疗某种癌症、保证某种计算机网络的隐私安全，这些都是有方向的问题，但他们没有。在这里，激情和兴趣决定了你的研究方向。休·赫尔教授的激情是消灭残疾，他在 17 岁时失去了双腿。威廉·米切尔教授的激情是让城市和建筑变得更加智能化。雷斯尼克教授的激情是让每个人的一生都保持孩子在幼儿园时代的好奇。托德·曼库弗教授的激情是让每个人都能创作音乐，从音乐中获得意义。

在媒体实验室，休·赫尔教授是一位传奇人物。他 7 岁开始攀岩，17 岁那年遭遇登山事故，双腿被截肢。此前，被认为是美国最好的青年登山运动员之一。之后，医生给了他一副假肢，然后告诉他："你永远不能再爬山了。"那场事故后，这个以登山为全部人生梦想的少年迷上了物理学，因为这是设计假肢的知识基础。27 年来，为了给自己一双更好的腿，他设计了各种各样的假肢：登山专用的、走路专用的、跑步专用的……既然现在他的一部分身体是人工的，那么他可以尽情地发挥想象力。他发明的 PowerFootOne 智能腿曾经被《时代周刊》评为年度最佳发明。它用电动机、弹簧、传感器和一个精密控制系统，模拟脚和踝关节每一动作环节的能量传送机理，可以适应不同的地面坡度和步伐，还可以区分使用者是在上楼，还是在下楼，并且提高了行走速度和稳定性。它甚至可以让人自如地跷起二郎腿。这里是一门新兴科学的最前沿。生物机械工程，融合了生物学、机械学、电子学等多个学科，目的是发明能植入或者接入身体的机器，让机器帮助原本残缺的身体或大脑执行正常的生理功能。

赫尔教授相信，在今天的时代，机器和人体的混合是不可避免的趋势，这不是一件坏事。这正是混合内容的生命力，如麻省理工学院媒体实验室主任弗兰克·莫斯说：“我们想到技术，总是在谈人工智能，怎么让机器变得更聪明，让他们像人一样思考，具有深刻的感受力。未来我们应该做的是，怎么利用技术让人变得更聪明、更强大、更独立。”

混合内容是动态过程

理解混合内容，一方面需要理解它是“混合”的动态过程，是动态过程中的价值形成，不是“remix content”，而是“remix”。更要理解此过程所强调的不是内容的同质混合，也不只是某种混合内容的持续输出，其核心是内容开发者与用户深度交互、同步共振的新意义。对于内容开发者，混合内容是占据用户注意力的多元化内容创造和融合，是基于API[①]思维和次平台红利的分发能力与圈层效应，是与用户情感连接、精神交融中的意义输出。对于用户，是不断被心理唤起和产生情感投射，并在情绪流动中赋予内容更具个体意志表达的客体定义。中信书店在腾讯、联想等大公司总部、机场及写字楼的网点布设，表面是获客定位和商业

---

① API即应用程序编程接口。

混合内容的动态过程是内容生产者与用户的深度交互

选址，实则因为提供包含咖啡、沙龙、阅读、商务社交在内的文化解决方案而备受商务人群欢迎，其中内容产品的混合属性，即解决方案特征是中信书店最具独特性和关键性的芯片价值。

以此，我们来理解饭爷辣椒酱是什么。创始人林依轮的斜杠青年魅力人格，《创食计》专注“卖幸福”的生活方式，直播、美食旅行、与饭爷逛菜场等深谙年轻人社交语言的互动，突破传统的辣酱配方和气质独特的文艺包装，最终都汇集到“就酱”（就这样）的态度表达。饭爷，本质上不仅是调味品品牌，而且在“就酱”的一系列内容体系构建中，能够让我们的情绪获得宣泄，成为生活意义的出口：因为辣酱就饭是功能支撑，“就酱”代表着年轻人的生活态度。饭爷作为美食创造力品牌由混合内容与魅力人格共同支撑而更有说服力。

林依轮认为，饭爷首先必须是备受欢迎的调味品

Monocle 也正是通过混合内容完成了一本杂志的逆袭。

2007 年，《Wallpaper*》创始人泰勒·布鲁尔（Tyler Brule）正式创办 Monocle 杂志，针对那些像他那样到处飞行、以转机室与商务机舱为家的商务人士，提供创意与生活美学指导，并自 2008 年推出优质城市评价。在媒体日趋网络化，战场从纸本转移至手机的今天，泰勒反其道仍以精美印制的杂志为主角，坚持以传统方式通过报摊、订阅等方式发行，网络版则为辅助性质，结合电台节目以及产品的推广与销售。同时，在伦敦、洛杉矶、东京、香港开设 Monocle Shop，售卖杂志与品牌如 Comme des Garcons、

Monocle 无论商店抑或咖啡馆都只能算迷你

Porter 等合作的精品。2011 年正式在官网上线的 Monocle 24 电台，通过网络电台这一载体即时报道和探讨音乐、设计、文化、美食、旅行、投资等热门领域的最新话题，让听众通过电台与世界各地的最新资讯连线，始终拥有着小众而稳固的流量。

基于持续的原创差异化内容、不同形式的内容载体、内容的跨界连接，Monocle 倡导的“有格调的生活方式”在其杂志、评选、论坛、店铺、电台、设计产品中一以贯之，并在其相互融合的过程中实现了意义构建——完成了对都市化浪潮中“生活方式学家”的完整定位。在这一新话语体系中，Monocle 拥有的解释权已不再是其杂志发行量几何、广告费几许、商店营业额多少，而是每一个自诩懂得生活的人都会在家中摆上 Monocle 杂志，收听 Monocle 24 成为生活中的治愈伴随，光顾散落在各个城市中的 Monocle 迷你商店也可以成为旅行目的地内容。

这就是来自混合内容的降维攻击，不再是杂志、电台、店铺的功能竞争，而是在生活方式学层面形成的品类独占性。杂志通过明确价值观和审美态度，包括支持小型企业，提供理想城市指标的内容输出，在用户的意义共创中拥有独特的心智份额。

文化互洽是混合内容本质

混合内容的动态过程有三个节点——内容间的文化互洽、融合形成新意义、新意义的自传播。文化互洽是混合内容的融合路径，更是创造用户价值的本质所在，否则同质内容的简单重复，或不同质内容的无意义叠加只会加速用户远离。只有从文化互洽层面理解混合内容，才能洞悉新物种占有用户心智的新意义如何衍生，引发用户主动追随的商业能力如何形成。陌陌的哈你直播就是本地化兴趣社交与直播混合而成的新内容范式：直播成为陌陌财报的重要亮点，收入占比在 2016 年第四季度高达 79%，达到 1.948 亿美元，比第三季度高出 10%，增速喜人。获客成本低、契合兴趣社交、付费机制活跃，这些特质让陌陌哈你直播的新物种形态更具商业变现能力，成为最赚钱的直播绝非偶然。不仅如此，陌陌围绕短视频和直播的新战略也于 2017 年 3 月正式发布，CEO 唐岩表示，陌陌从交友型工具平台向内容平台转型升级。毫无疑问，本地化社交的“附近”、短视频的“时刻”与动态视频、直播共同混合成“实时视频社交”的新战略模型。

“丢书大作战”“4 小时后逃离北上广”“凌晨四点的北京”……新世相并不长的运行时间，已持续推出一系列刷爆朋友圈的营销事件。从生产美好的内容输出，到倡导重拾深度阅读的“新世相图书馆计划”，再到联合品牌成功试水的各种主题社会化事件，新世相似乎越来越难以被定义。但足够明确的是，它已具备现象级的引爆能力。而“引爆能力”背后，正是混合内容基由文化互洽所构建的最终意义指向——对孤独城市人无处安放内心的情绪代理。每次精心策划已经从情绪代理超越了本身的内容所指，而成为一次又一次温暖的传递，一次又一次群体的心理共振，新世相也由此完成了自身的超级 IP 构建。无论有多少人揶揄它的做作，不屑它的贩卖文艺，无论它处于鄙视链的哪一端，但是当品牌希望打动城市文艺青年时，都会把与新世相的合作列为首选。

同样致力于青年文化研究的青年志（Youthology），则在混合内

新世相的成功是创意和企划的力量

容过程中创造出了新意义。立足内容输出、社群运营、群像研究、开放营销等内容间的相互汲取与融合，青年志运用多维的社会化视角、浸入式的研究方法，真正进入 85 后、90 后青年群体的日常，洞悉年轻群体观念和行为的变化。在针对不同群像年轻人的基础研究中，青年志以不沉闷的严肃态度、不偏颇的个体视角、不晦涩的深度调查独树一帜。以文化创新洞察帮助企业进行战略设计，推动商业模式朝着更符合年轻用户诉求的方向升级。

在新世相与青年志的混合内容创造路径中，文化互洽的机制让同样致力于青年文化研究和传播的两个 IP 形成了不同的意义表达与商业路径，也终将进化成不尽相同却足够独特的商业新物种。

混合内容生态让新意义自生长

混合内容最终构建的是具有混合基因和化学反应机制的内容商业生态。在其中，内容与内容、内容与用户、用户与用户之间高效且主动地产生连接，最终进化出自生长能力。在此内容商业生态中，不确定的人必然成为最大的变量和自生长要素，出于对人的情绪代理与生活方式的重新定义，新的解决方案和新的意义表达层出不穷。

我们应该如何理解如优客工场、无界空间、裸心社、科技寺等联合办公的商业模式？不是传统意义上的办公室租用，而是社交办公、垂直众创空间中多元化混合内容所带来的内容联想能力，其盈利模式也并非简单地来自租金收益，而是基于内容黏性的价值付费机制。联合办公只是混合内容的单纯表现形态，毛大庆创办的“共享际”则是在用全新共享空间构建混合内容生态，以文化生活内容和各类 IP 嵌入联合办公，打造“空间 + 生活 + 社交”的活力社群，在氛围空间的催化下，连接办公、居住和消费等多重场景。

这个全新共享空间就是标准的混合内容生态。多样性的人、内容、产品、企业共处其中，有相似价值的内容之间产生强大的价值吸附，空间与内容、产品与社群“混”出奇妙的化学反应，连接随时发生，新意义不断生成，并通过社群文化的自传播连接更多的用户。对于新的年青一代来说，未来形态必将是工作和生活日趋混合融合的结果，时间高度的碎片化需要解决方案，如“共享际”般更具想象力的文化载体方可承接已悄然形成的新生活方式，这是全新的内容商业赛道。

打造混合内容生态，共享际的基础逻辑仍然是场景革命的“四即”方法论：产品即场景，分享即获取，跨界即连接，流行即流量。产品是场景解决方案——可以是“共享际”的全新共享空间，也可以是分答小讲、喜马拉雅被订阅的陪伴时间；分享即获取——可以是东四“共享际”的仰望星空、胡同夜跑、最小家具店，也可以是单向街许知远的坚守、单向历的心灵慰藉；跨界即连接——混合内容很大程度上正是经由内容跨界而形成的，它击穿场景区隔，形成新体验、新品类，可以是“共享际”提供的空间实验室让跨界连接充满无限可能，也可以是蚂蜂窝和知乎联合发问“世界尽头”究竟在哪里？也可以是优衣库（UNIQLO）和 J. W. 安德森（J. W. Anderson）的惊喜跨界构建时尚潮流领域的内容生态；流行即流量——可以是“共享际”用共享精神定义城市年轻人的社交、办公、居住方式，也可以是 YESBOX 商品专题企划的新零售动线混合内容。

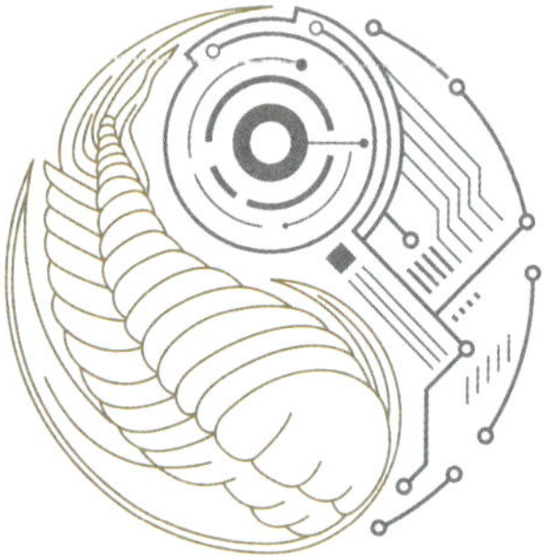

新物种方法论

混合内容是新物种最基础、最核心的内容力养成机制，也是新物种的内容建设方法。它探讨的是如何在精神消费时代构建属于新物种的话语沟通体系，并在新话语体系创造过程中连接更多商业机会。在方法层面，混合内容拥有三种创造路径——平行混合、垂直混合、技术混合。

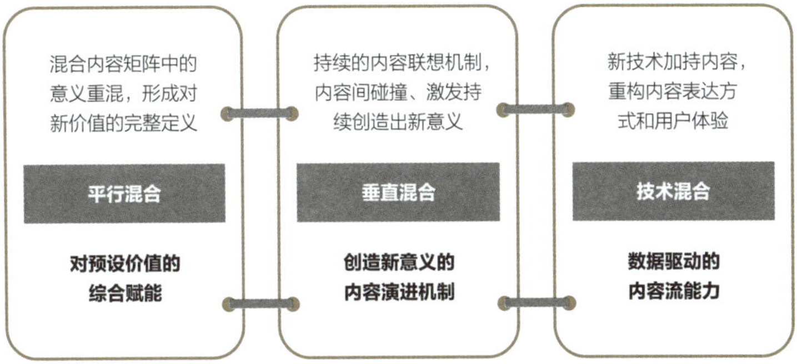

混合内容方法体系

平行混合：对预设价值的综合赋能

平行混合是多元化内容共同对新价值完整定义的内容机制。多元内容在共同组成的矩阵中相互渗透、融合形成全新的价值点，并在这个新价值点所带来的红利期中拥有独占性的定价权。这个定价权是用户心智的第一性。对生活方式学家进行完整解释的Monocle如此，完成对孤独城市人情绪代理的新世相也是如此。

《十三邀》围绕许知远的偏见提问，通过与罗辑思维创始人罗振宇、深迷二次元的Coser（角色扮演玩家）、导演冯小刚、哲学家陈嘉映等不同类型的角色碰撞，创造全新的内容，不仅完成超长视频内容产品实验，还赋能许知远人格，是典型的平行混合打造势能新品类的方法。

垂直混合：创造新意义的内容演进机制

垂直混合是持续的内容联想机制，在纵深路径以内容间的碰撞、激发持续创造意义。在好奇心作用下，不断刷新用户对品牌内容的认知升级。好奇不是常态，但新的意义是常态。持续颠覆办公场景、居住场景、社交场景，未来还有更广阔想象空间的 CitiGO 公寓在垂直混合的路径中不断深入，新的学习、生活方式呼之欲出。中信书店以特定区域人群的动线和体验设计，不断积累着特定圈层的独特意义，在持续吸引、占据用户好奇心，并最终激发用户主动追随的新价值创造中，完成来自内容吸引力的空间商业进化。

秦皇岛文旅地产项目阿那亚的逆袭，也是垂直混合的范本。从原来单一的不动产，变成提供场所和内容，最终发展为社群。这里有农场，可以去图书馆看书，可以去海边活动，可以在食堂吃饭，

阿那亚通过内容沉淀社群不失为地产唤醒社区价值的有益尝试

晚上有篝火晚会，还有家史写作计划和社区业主出演的话剧。社群的活跃度和业主的消费力，甚至为阿那亚吸引来了 Club Med，这家全球最大的度假连锁集团计划在阿那亚社区内推出其在中国的首个法国原版设计滨海度假村——阿那亚 Club Med。垂直混合的精进正在打造“新故乡”的居住意义。

SXSW 的关键词其实是围绕音乐、科技的 Party 文化

技术混合：数据驱动的内容流能力

技术混合是对原有内容的新技术加持方法，譬如没有 VR，今天的艺术展将平淡无奇。从尤伦斯艺术中心展出的曾梵志“散步”，到大英博物馆的 VR 改造计划，到日本数字艺术团队 teamLab 的“超越边界”展，技术创造的新体验在社交网络上得到了积极反馈。

技术混合也是世界数字化的内容机制，不仅今日头条与脸谱网是信息流内容的代表，连西南偏南互动大会（SXSW Interactive）首席项目官休·福雷斯特（Hugh Forrest）都说，人工智能毫无疑问是2017年最热门的话题。然而西南偏南最早是个音乐节，当硅谷元素与音乐风格相结合时，音乐这个感性世界与数字和代码编织的理性世界何止碰撞了一下，我们简直可以认为，所有数据被实时抓取，70亿人的日常行为正在以混合方式扫描、理解和讲述。“一切商业皆内容”正成为后移动互联时代的普遍认知，旧有话语体系正在溶解，新话语体系不断演进，混合内容必然成为推进新话语体系建设的重要力量。正如互联网电视发轫于乐视和小米，经过硬件的微鲸、爱芒果电视和软件的阿里家娱、芒果TV，电视操作系统、互联网电视作为大号iPad的混合能力终于造就了OTT[1]新物种。能否在混合内容过程中，完成价值观层面的意义升维，构建高效连接、可持续的内容生态，决定着品牌能否真正进化为改变时代、连接未来的商业新物种。

---

① OTT即Over The Top，指互联网公司越过运营商，发展基于开放互联网的各种视频和数据服务业务。

新物种爆炸

XSPECIES

第八章 人格化

人格是入口。产品走向智能连接，需要新的消费路径和决策动机。SM公司的造星机制与智能家居的内在逻辑关联是什么？网易「有态度」到「各有态度」的转变机制是什么？消费者在寻找自我差异的过程中，重新聚合成新的社群文化。输出人格化的价值观是这个时代最大的价值。

人格的物化与物的人格化

万物互联的重要特征是，人格在物化，而物品、商品尤其资本却在人格化。人格的物化，目的在于连接带来的情感替代。物的人格化，则是使目标消费群体可以与物进行情感的连接、互动，以产生群体间的共情。人类不能心安理得地生存于一个无序和无意义的世界中，“赋予意义与秩序的符号活动构成了人的本质，是人生存的基础”（德国哲学家卡西尔）。自人类有图腾神话以来就是如此，语言作为一种命名活动开启了创世纪。事实相同，名字各异，这是语言与命名的问题。为万物命名，就是赋予事物以个人化的特征，这种“近取诸身”的命名以隐喻的方式开创了人类的身化世界。

标准化的运行方式是复制，目的在于通过低成本的大规模工业化生产保证基本的质量，来满足大众的基本需求，带来的后果是泯灭个性，个性仅作为商品的差异化卖点而被设计，手工艺濒于消失，进而对我们的生存方式和思维方式造成重大冲击。消费的另外一个特征就是重复，“作为彰显自我身份的主要社会活动，消费最有趣的一点就是常常让行将过时的东西有了永恒价值，从而发起一轮轮的文化再循环运动”（鲍德里亚《消费社会》）。

工业化后期，商品以至各种服务和组织开始推进品牌战略，在品类名称（物理分类）之后再为其赋予专有化命名的人格化，目的是要冲破物理概念的钳制，改变机械化的枯燥，打通人与物的连接，进而建立跨越地缘的秩序，实现信用的扩张，开拓全球市场。这种追求生活意义的符号化运动，不只是品类的竞争，要从表层的认知，一直探入人的情感与信仰，改造生活方式，在词与物、词与人、物与人之间建立传输意义的关系。酒店越来越倾向设计师符号，餐厅越来越趋于主理人标签，达利红与芬迪黄各自精彩，从半木空间到梵几客厅，可以感受到这一波商品人格化的浪潮方兴未艾。

差异化是物理性或中性的表达，个性则是人格或人格化的表达。所以说起营销定位的差异化，更倾向于是物化的产品生产与供应。而说到品牌定位个性化，则是物的人格化再生产与供应。个性化是人格化的基础，所谓“个性化”就是赋予物品以人为中心的情感与价值创造。从物品到情感，是一个移情过程，这种由物到人的齐物框架，看似融入了人格，但物毕竟是物，人若不自主，就会导致不是品牌帮助你表达，而成了品牌代表你。人格化则试图避免这个结果，需要使用物品的人将自己作为独立的人来发展，而非作为消费者被填充。摆脱消费者角色，人以自己有限的生命通过万物表达出无限的生命意识，才是物品人格化的应有含义。

近年来流行的日式侘寂美学、北欧简约风格，在细小的需求中充分挖掘微妙的审美表达，也是因为背后隐藏了使用者的人格趣味，越用越懂——恰恰暗合了信息流场景的算法机制，你喜欢文具或手办，每用一次就高兴一次，这的确是新世代的消费变革趋势：把金钱浪费在有趣的事物上，才是生命美好的浪费。

人格消费

无论是权志龙在知乎引起轩然大波并在天猫热销的 PMO 耳机，还是鹿晗与晨光文具推出的鹿晗生日季 Gift Box，抑或凯蒂·佩里（Katy Perry）充分体现“水果姐”奔放另类的联创品牌，偶像明星仍然具有极强的人格消费力。

2016 年 11 月，由 Footwear News 评选的“年度最佳球鞋”结果出炉，蕾哈娜（Rihanna）与彪马（PUMA）合作设计的 FENTY PUMA by Rihanna Creepers 击败了 NMD、Stan Smith、Ultra Boost 等大牌，夺得了这座鞋界奥斯卡的小金人。明星跨界的案例太多，早已屡见不鲜，蕾哈娜与彪马的结合属于同种套路，但为何取得如此大的反响？FENTY PUMA by Rihanna Creepers 的火爆是基于蕾哈娜的 IP 流量，还是产品本身？秘密大概就在于将人格置于产品之中的态度。蕾哈娜是集音乐、时尚于一体的潮

Rihanna 的收入更多来自人格化 IP 的经营

流内容孵化体，不断向粉丝输出极具个人色彩的音乐作品以及时尚偶像（Fashion Icon）的标签，这款设计则完美秉承了她的个人风格——独立、跨界与跳出传统条框的大胆。因此，FENTY PUMA by Rihanna Creepers 的成功不仅来自蕾哈娜的流量本身，更来自产品本身的人格化属性。

品牌是否“卓越”，关键看它是否改变物的“等质而空洞的时间”，若没有真正的意义供应则无法实现。品牌的顶级资产是目标受众对其价值观的共鸣，是强烈的认同和依赖。正如 2016 年 Vetements，没有任何自设门店和电商网站，却由明星街拍引爆时尚圈的潮流高潮迭起。与其他时尚品牌相比，Vetements 的设计更像是游离于主流时尚外的异类，鬼魅的解构首发，夸张的不规则设计，超大轮廓，打破陈规的无性别主义，让无数人吐槽“这就是那个明星买手达人网红喜欢的又丑又贵的品牌”，但又让无数人心动购买。

Vetements 的成功不是简单归因于媒体或消费者追捧，在时装潮品多元竞争激烈的格局里，它显得那么特立独行，而又生动自然。人们真正想要的并不是奇怪、前卫概念的服装，而是找到自己的身份属性标签。人格化的“物”赋予人个人化的体验，所带来的共鸣又强化了对这种物化人格的认同。Vetements 主设计师 Demana Gvasalia 把他触及的以青年为主体的文化内容作为设计思考方式，“亚文化”已成为人格化表达的固有标签，消费者从“亚文化”中找到自我认同，将“亚文化”作为价值观输出的接口。来源于“亚文化”的乖戾、激进正是年轻人所需要的物化表象，Vetements 成为青年活跃生活方式需求的解决方案。如果 2016 年的敦豪（DHL）是 Demna Meme 1.0 的核心，那么 2017 年的宜家（IKEA）已经正式进入 Demna Meme 2.0 ，Vetements 属于敦豪和宜家，它们共同赋予新人格。

Warby Parker——2015 年，一家眼镜公司令人“大跌眼镜”地当选为《快公司》50 大创新企业第一名（同一榜单中苹果公司屈

Warby Parker 用传递价值观的方式诠释品牌人格

居第二）。Warby Parker 的商业模式很简单：顾客先在网站上挑选任意 5 副眼镜，在免费寄上门的 5 副眼镜中挑选其中 1 副或几副，然后在五天内把不要的寄回。每副眼镜价格只有 95 美元（美国传统眼镜店最普通的一副眼镜的价格也在 300 美元左右）。与众不同之处在于，Warby Parker 所有的产品都有独特的原创故事，当客户在 Warby Parker 简约精致、时尚感十足的主页上四处浏览的时候，看到 Warby Parker “反抗精神”（Rebellious Spirit）的定位以及“buy a pair, give a pair”（买一副，捐一副）的慈善主题时，很难不为之触动。品牌之所以取名为 Warby Parker，是创始人对作家杰克·凯鲁亚克（《在路上》作者）的致敬，在这位引领后现代“亚文化”“垮掉的一代”代表作家的日记里，曾出现了两个人名 Warby Pepper 和 Zagg Parker——没错，Warby Parker 这个名字本身就很好地诠释了品牌人格，可以想象它如何激发美国年青一代的认同感。

2017 年 3 月 2 日，意大利腕表品牌沛纳海（Panerai）宣布霍建华成为大中华区品牌大使，他是品牌自 1860 年创立至今的首位代言人。追根溯源，我们发现是“高端感”的定义发生了变化。过去，高端定义是抓取时代下少数人的精神感官，并持续以此为标签代表，但随着全球化的进一步拓展与个人化的快速崛起，高端人群的需求在持续迭代，导致对高端的认知发生了明显变化，中国市场尤为突出。随着越来越多的品牌被认知，过去的低调奢华已然不再适用。如何借用流行文化，让明星和 KOL 为产品赋予独特价值，在流动的场景下持续影响目标群体，成为当下高端品牌需要考量的核心策略。对于沛纳海来说，霍建华的个人形象和品牌背后的价值沉淀相融，因此借助明星 IP 形象实现势能的平衡转化。好的人格化，必然是品牌和个人势能的均等流转，而非单方面的借势营销。同为腕表品牌，积家选择 papi 酱也有类似的突破思考。

越小众越能形成优质流量，亚文化之所以是主流文化，正是因为毫无摩擦的精准连接。人格消费的核心仍然是“体验和价值观”的认同。所谓“体验”就是再次强调感知个人化的系统，把个人感知覆盖于整个物的世界，以个体的方式进入意义系统。价值观的认同则带来对自我认知的再现，以此产生依赖与共鸣。专业网红能够大行其道，借助直播、公众号、微博、短视频，直至用音频付费和电商变现，也是因为人格消费与内容付费的一体两面。

人格化与新内容

人格化是连接时代新产品与新内容的核心识别点，使产品更具社交货币价值。从简单心理到壹心理，从武志红到李松蔚，人的尺度正在定义物的温度。我们可以清晰地感知贾樟柯的《山河故人》、朱哲琴的“看见造物”作为沙龙与商品的和谐。

2016 年 11 月 25 日，没有密集宣传和盛大的发布会，阔别歌坛已久的朴树发布了自己的新歌《Baby, До свидания》。仅一天多时间，这首歌在首发平台碎乐 App 上的收听量就达到了 13.4 万，大量歌迷涌入碎乐为朴树新歌留言、提问、打赏，也有许多音乐人和乐评人发语音评论。为何朴树会选择一款名不见经传的音乐 App 首发自己的新作？有人说，这很“朴树”。碎乐不是播放器，也不是传统意义的粉丝平台，它是原创音乐人的社区，是音乐电商，也是内容付费平台，更是互联网 + 音乐的“新物种”，也许这种独特性本身就是朴树选择的原因。碎乐自公测起，就吸引了李健、邓紫棋、薛之谦等一大批明星歌手入驻并发表新作，众多才华横溢的独立音乐人以及喜爱音乐的普通人也在平台中异常活跃。

碎乐 App 诞生的背景是，互联网飞速发展，音乐版权通过网络渠道大范围、零成本地传播，看似得到推广和传播的机会，却将音乐创作拖入价值洼地，音乐版权变得进退两难。2003—2016 年长达 13 年的时间里，从资源分享网站、搜索引擎、移动互联网到数字专辑，独立音乐人从中获得的版权收益近乎为零。谁将为音乐市场破局变成了音乐人的一种期待。碎乐 App 的出现，恰好让音乐人可以超越版权产生真实收益。在碎乐上，音乐人可以选择免费让用户收听，也可以为自己上传的作品进行定价，用户可以选择付费与否。碎乐为普通用户和草根音乐人创造机会和头部艺人进行交流，在这个平台上，消除了专业与草根的阶级性，社群氛围平等，素人可以直接与音乐人对话。正如创始人汪峰所说，“碎片化，却回归音乐娱乐的本质，最重要的是，所有的创作者都可以获得应得的全部收入”。碎乐“以人的连接”为中心精心设计运营，将音乐内容和明星的人格魅力恰如其分地融合在一起，“非版权、未完成、碎片化”，受到追捧自在情理之中。

成功的电商平台首先是内容平台。《赫芬顿邮报》的创始人兼前主编阿里安娜·赫芬顿（Arianna Huffington）创办的新公司 Thrive Global 围绕身心健康，推动企业和个人提高创造力和生产效率。其电商业务精选放松身心、有助睡眠和改善健康状况的产品，譬如手机充电器“电话床”（Phone Bed），意指晚间仪式：手机在卧室外充电，自己在卧室充电。这些产品本身就是内容，加上媒体平台 The Thrive Journal，一个有关身心健康和生产效

马云也投资了阿里安娜·赫芬顿创办的睡眠经济公司

率的全球讨论中心被有效设计——这种内容的独特性构成了全新的人格电商价值。除 The Thrive Journal 电商外，家居电商平台 Houzz 也是年轻人乐于分享的人格化内容，而国内针对科技直男的“什么值得买”、针对爱美女性的“小红书”、针对文艺青年的“良仓”、针对新奇家居用品的“好物”、针对潮男的“毒物”和“XY”，从命名法则就能看到对用户画像的精准定位。人格化成为新内容的核心竞争力，人格消费正在成为当下内容创业的基础芯片。无论阿里安娜·赫芬顿还是霉霉，呈现为超级 IP，必然表现为人格的差异化，意味着拥有创造独特内容和强用户运营的能力。典型的新物种特征具有内容能力和人格属性，更有连接力与温度感。这也是社交越来越有效率的趋势使然，探探和朋友印象的火爆绝非无因。

同人化与客体定义

新意义人格的产生源自内容间不断赋能、递进和丰富化，而这个过程越来越不可能仅仅依赖于主体的推动，而是必然需要经由真正意义上的众创过程才有可能实现。同人化是重要路径。

你喜欢玩游戏，但可能更喜欢《本草肛木》。这首翻唱周杰伦《本草纲目》的手游同人歌迅速火爆B站，让玩家热血沸腾，弹幕满屏。这便是同人化的过程。通过对主体内容再创作形成逻辑层面的势能叠加，最终实现在新的价值点上与连接对象的价值共享和势能延伸。

在同人作品大行其道的今天，同人化的本质就是新内容的众创，很难说究竟是同人作品本身延续了原作的人格，还是创作者赋予了同人作品新的人格，反哺原作，使原作的人格进化。2016年11月，众多“哈迷”期待的《神奇动物在哪里》电影上映。原作者J. K. 罗琳说可将它理解为《哈利·波特》前传，但事实上二者在剧情上的关联度甚弱。《神奇动物在哪里》其实是霍格沃茨魔法学校的课本，书中详细描写了75种魔法动物的生活习性，而电影版讲述的便是课本“作者”魔法动物学家纽特在美国的“历险记”。但《神奇动物在哪里》正是通过这种将新作与前作藕断丝连的方式，不仅对前作进行补充创造，更为后作预设了势能延伸。尽管这种类同人化创作并非用户创造，但前作与后作在意义层面的相互成就，已足以使《哈利·波特》粉丝心甘情愿为其买单。

阿里巴巴在2016年入主的韩国最大的娱乐公司SM Entertainment，以签约艺人的粉丝量巨大著称：东方神起、少女时代、Super Junior、EXO……SM有一座大楼——SMTOWN，是公司为旗下艺人粉丝打造的“天堂”。这里，粉丝能够想象到的事情几乎全部都可实现：让偶像的御用发型师给自己做发型；在偶像用过的录音棚里录一首单曲；吃明星亲手做的马卡龙蛋糕；设计和偶像的“合影”姿势，用3D打印机打印出来……不同于欧美人崇尚自我，东亚人对榜样的渴望带来偶像文化的兴起。SM公司占据了独特的偶像文化视角，不遗余力地利用最新的科技对娱乐产业进行挖掘。在这里，所谓的同人化，不是一个IP被无限放大，而是一个IP能够被无限参与。在2017年CES（国际消费类电子产品展览会）上，除了Google Home、Echo等消费者耳熟能详的智能家居，还有一个彩蛋——SM旗下最新智能生活品牌Wyth。而Wyth的智能助手则是SM旗下当红艺人，少女时代的Tiffany和EXO的边伯贤担当声优的Celebrity AI Speaker。SM公司这种“AI + 智能硬件 + 音乐”的构建模式充分运用粉丝与艺人的情感联系，因而有很强的反向定义价值和差异化竞争能力。

SM 公司把偶像内容输出到智能家居需要系统革新

在人格化的新内容创造过程中还有一种新可能——客体定义，即主体走向的新意义、新人格最终会由客体来定义。这个客体可能是事件，可能是物件，但本质都是内容。

从 AKB48 到初音未来，从 SNH48 到洛天依，我们可以看到，伴随、养成、由粉丝定义的偶像模式才是当下年轻人的娱乐需求。如果说带来成长伴随感的 EXO 和 TFBOYS 是偶像新物种的 1.0 版本，那么 SNH48 和洛天依就是真正可以由粉丝改变、创作的 2.0 版本。一首《极乐净土》，被动漫爱好者用不同虚拟偶像改编制作出无数版本，占据 B 站近半年之久。不管是养成机制、虚拟化偶像，还是同人创作，当用户粉丝参与了对明星偶像的定义、改造和传播，偶像就发生了根本性的变化。

从“有态度”到“各有态度”，网易新闻口号的变化正是对“客体定义”的完美诠释。当地铁站被网易云音乐的歌曲评论占据，吸引人们注意力、带来共鸣的，是一句句用户评论中所表达的情绪与显露出的人格。在这里，是用户给予了产品定义，系统成就了网易云音乐代表文艺青年、“孤独患者”的独特气质，音乐社区的物种形态也据此差异化。

被客体定义的可能性极大地存在于新内容的形成过程中，这是有效的逆向人格化路径，也是能进化成与这个时代共振商业新物种的最快方法。同人化和客体定义是新内容创造过程中再创作和反向创作的路径，是品牌与用户真正融合创造的过程，是新意义长出的土壤，并持续滋养着新物种的生长。

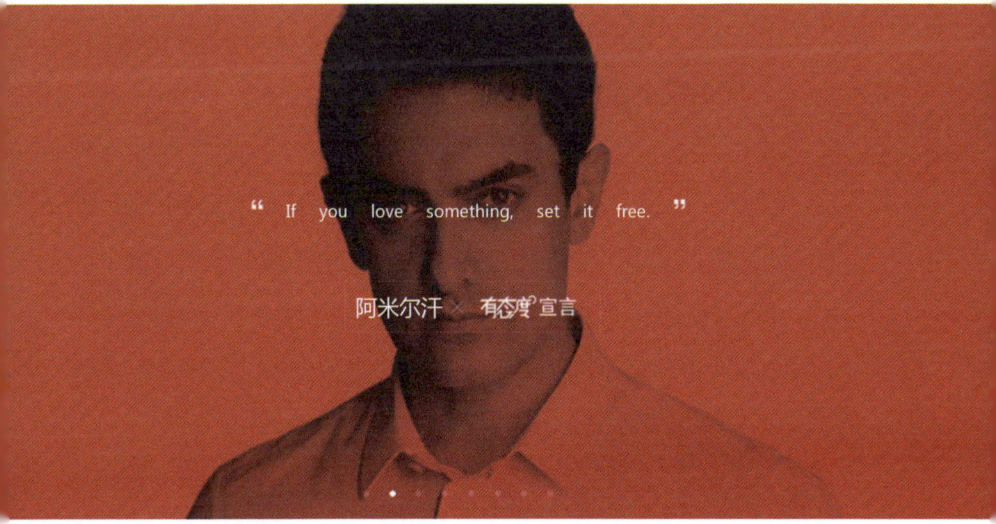

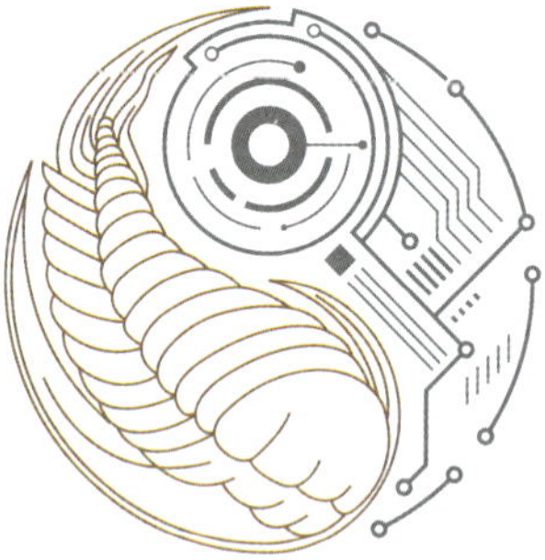

新物种方法论

人格化是连接时代新内容与新产品的核心识别点，是新产品与新内容的核心竞争力。魅力人格是流量来源，是用户的心智入口，新内容通过人格输出价值观导向，新产品利用人格传递核心品牌主张，在用户和社群的滋润下，人格化从“魅力人格”到“品牌人格”实现不断进阶，成为新物种人格化的超级孵化器。

¦ 生成品牌自身的独特内容，建立完善的内容体系，持续输出差异化的人格内容表达。创立于 2010 年的杂货店泡泡玛特（POP MART）致力于 IP 衍生品的重要思路就是寻求人格化的内容 IP，譬如起源于日本的“光屁股小孩”Sonny Angel 以及中国香港设计师王信明（Kenny Wong）出品的总是嘟着小嘴的 Molly。通过系列化，改变杂货店简单的小清新或小确幸风格，打造全新“购买未知”的酷炫买手店，盲盒也因此成为了新兴品类。

¦ 以独特调性的产品与亚文化圈层建立连接，并制定互动沟通机制，实现人格 IP 的价值观传递。波普艺术家 Kaws 在上海余德耀美术馆的个展“始丁终点”开始于 Kaws x Air Jordan 球鞋抢购，艺术界大 IP 与耐克限量首发共同完成的不仅是特卖或闪购，也是“等级差异被打破”的新艺术商业观表达。

¦ 建立对品牌价值观认同的用户群体，培养用户忠诚度，形成对特定领域的类型定义，即 KOL 品牌化和品类化的能力。在古驰 2016 年的数字创意项目 #TWGGucci 中，创意总监亚历山德罗·米凯莱（Alessandro Michele）找来一群活跃在社交网络上的网络文化表情创作者与新锐艺术家合作，围绕古驰腕表跨界创作，让 meme（迷因）群体激活了古驰更加年轻的幽默形象。诙谐而睿智的短句，加上卡通、剧照或短视频、微视频对现象进行解读成就了全新的人格品类：一张图或一句话胜过千言万语，meme 如此，古驰也是如此。

¦ 完全掌握新品类的话语体系，从产品价值升维到人格价值。作为强大的人工智能平台，如前文所述，IBM 开发的沃森机器人，除了在医学研究和金融科技领域有诸多应用外，还不断深入时装、运动健身等领域，无论和安德玛合作，还是推出认知智慧礼服，其人格价值持续丰富。上文提及的 Wyth 就是 IBM 沃森的韩国分身 Aibril 提供的 AI 服务。想象一下对于热爱 Kpop 的粉丝群体而言，如同电影《她》，你的理想型女神（AI 助手）对你嘘寒问暖，解语贴心，服务到家，简直梦寐以求。这种以当红偶像声音为语言生成的素材虽然无法真正高度智能，但和林志玲、郭德纲担当解说的高德地图，还是有本质区别。参考沃森的技能点，Aibril 的用武之地绝不止于电话客服，还有立足文本交互的 Chatbot。与 Celebrity AI 相近，国外主流 IM 平台上早有奥巴马 Chatbot，埃隆·马斯克 Chatbot。这些名人的 Chatbot 更近于智能代理，沟通止于聊天，但沃森之于 Aibril 的商业应用更上一层——在 2016 年 9 月与生命保险的合作项目中，Aibril 作为高度智能化的大脑，串联起可穿戴设备、手机等智能终端，记录用户的生活和健康情况。

用户通过语音和文本，可以有效交互。沃森的产品价值正在大规模渗透为基础生活场景的人格化，如同苹果 WWDC 发布 Siri 智能音箱表面上是抗衡亚马逊 Echo 和 Google Home，但真实动机是成为互联人格伴随的独占入口，真正接管你的智能生活。也正因为如此，联想在 2017 年发布的智能家庭数字保险箱值得关注，作为家庭数字存储解决方案，这款 6TB 的智能储存设备是围绕照片、视频等隐私数据需求形成家庭云的人格场景应用。

虽然你的隐私最高值 3500 美元（美国公司 Ruby Corp 表示），但联想智能家庭数字保险箱认为，适应云生活，不代表不需要保护你的隐私

第二部分

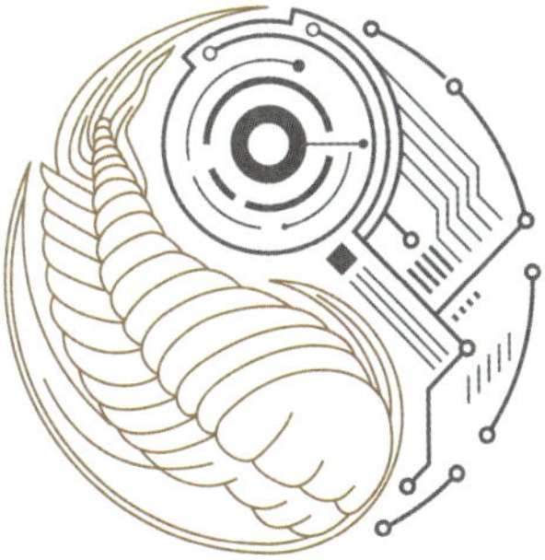

新商业时代的新物种机会

新物种爆炸

XSPECIES

第九章 次平台红利

主平台是兵家必争之地，但相较于拥挤不堪的BATJ（百度、阿里巴巴、腾讯、京东），TMMD（今日头条、美团点评、小米、滴滴出行）可称为次平台。其对于新物种意味着更加垂直、更加聚焦、更加细分、更加小众的成长机会，而这种机会往往代表着新的流量、新的赛道和新的缝隙窗口期，即次平台红利。

李笑来与李翔：认知带宽是次平台金线

没有谷歌和脸谱网，就没有猎豹移动，所以谷歌的广告政策一调整，猎豹移动的股价就大幅波动。但今天猎豹移动凭借 Live.me 的社交直播和今日头条一样进化，已经成为内容生产者重要的流量来源，在直播新闻和短视频内容领域，它们都已是当之无愧的次平台。原创精品短视频平台二更，一直把今日头条列为与微信、微博同等重要的分发渠道，在 2016 年拿到了头条流量爆发的早期红利。

没有微信和优酷，就没有罗辑思维；没有罗辑思维，就没有得到。没有得到，会不会有李翔？李笑来的崛起是得到、知乎还是属于李笑来自己的“一块听听”？ 2016 年 5 月 28 日，当罗辑思维的得到 App 推出《李翔商业内参》，一个执着于幕后的资深媒体人和财经作家一跃天下知，非李翔所愿，也不由李翔不愿。每份售价 199 元的内容订阅产品，上市不到一个月，用户订阅数破 5 万，20 天营收破千万，这是内容付费的标志性事件。重要的不是李翔火了或内容创业火了，而是一个新的品类被发掘，一个独特的流量平台悄然成型。在罗辑思维千万级用户经过价值观筛选的流量池中，认知焦虑与认知升级共建的知识服务品类被得到 App 首发，并在2017年《时间的朋友》跨年演讲传导。这背后的商业逻辑是，得到App独占了知识精品服务的认知带宽，相较于经常被当作自媒体和互联网社群的罗辑思维，得到是一个更简洁、模式更简单、想象空间巨大的互联网服务产品，其估值达到百亿元之巨自然在情理之中。

李翔无疑是人格化新物种的典型代表，在从传统媒体人进化为新物种的过程中，得到扮演的MCN（多频道网络）作用显而易见。那么，如李翔般有意无意地完成这样的实践和尝试，能不能从中把"春江水暖鸭先知"转化成这个时代先行者能够实行的操作法则？这就引出了一个重要的新物种打造概念：次平台红利。这是新物种在巨头碾压下仍能脱颖而出的重要平台级机会。从2016年下半年开始，得到就是头部知识IP重要的成长次平台，喜马拉雅、知乎、分答、十点读书也接踵而至。李笑来IP的实践是次平台的生动诠释。李笑来是得到首批专栏作者，《通往财富自由之路》15万的订阅量也是得到平台之冠，是得到平台的资源倾斜受益者。得到周更之余，李笑来又发起多场知乎Live，其中最多的一场12万人参与，他又成功拿到了知乎平台转型为"知识天猫"的首波流量红利，这使他自己的创业项目"一块听听"快速成为重要的知识直播平台——得到和知乎带给李笑来的不仅是初期流量与优质用户，还包括产品交互方式、用户体验设计和商业模型的验证。

主平台红利与次平台红利

淘品牌是阿里巴巴平台的早期红利代表，韩都衣舍、三只松鼠都因为淘宝早期的超级流量与用户反馈得以快速成长。能否持续获得红利靠的是品牌自身的迭代与进化能力。以韩都衣舍为例，从最早的网店淘品牌，到最早入驻京东的服饰品牌，到快时尚互联网品牌，到基于敏捷供应链能力的商业智能加速体系，每一次蜕变，韩都衣舍都能拥抱主题趋势与主平台的风口红利。从这个角度看，没有一成不变的主平台思维，只有对平台游戏规则和运营法则的理解。海尔定义天猫为直接触达 C 端的用户经营体系，利用天猫的用户数据评估，反向定义了诸多新产品，取得了较好的精准效果。作为阿里巴巴“大文娱”的重要组成部分，优酷也是如此，与爱奇艺、腾讯视频、乐视的娱乐基因略有不同，优酷在和《晓说》、罗辑思维的合作中沉淀了一批优质知识用户，在没有成为阿里巴巴“大文娱”主力平台前就是典型的知识付费次平台，这个惯性甚至延续成优酷作为内容发布会的直播首选。把握优酷直播、淘宝直播、来疯直播的即看即买红利，也是主平台的新红利玩法。

很多陌生的国际品牌现在聪明了许多，不再重金投入传统的渠道建设，而是选择京东全球购、唯品国际、网易考拉、小红书和洋码头来测试中国市场的反应，日本公司佳丽宝和卡乐比则通过天猫国际来判断 suisai 酵素洗颜粉和北海道薯条三兄弟的销量变化，一旦通过次平台检验，人气商品就有了进一步扩大规模的可能性，也因此可以更好地拥抱各类海淘次平台的流量机会。

微信之于摩拜单车的价值毋庸讳言，如果有 ofo 小黄车，而没有滴滴出行，这个对手 CP（配对）就不成立。另外，摩拜和 ofo 的巨大用户体量也提高了它们共同成为次平台的概率。双方迫不及待地发布各类物联网联盟、城市出行计划，既有营销传播上的考量，也未尝不是流量与势能经营的实际需要。《吴晓波频道》定位于

新工匠是《吴晓波频道》“重新定义美好”的一次内容输出

新中产认知升级体系，继 2016 年推出奇葩匠人评选后，2017 年升级推出“百匠大集”。众多新匠人首发于《吴晓波频道》，是因为 300 多万用户的公众号流量和“美好的店”具备了加速与孵化能力。

所以，主平台还是首要选择，但不是唯一选择，今天移动互联网的变化让我们切身感受到，主平台的鹿死谁手和次平台的红利爆发，不仅仅是拐点的到来，更可能是新的马太效应。当我们谈微信这种超级流量入口的时候，既要关注微信新玩法，譬如小程序的深化（如果是房地产或本地生活服务从业者，小程序的红利显然还未充分展开），也要留心那些未被主流市场充分导入和过度关注的平台是否蕴含着新的用户需求和成长机会。

喜马拉雅 FM 是基于声音 IP 的订阅，已达 3 亿用户规模，并形成了 IP 首发和内容分发的功能组合。与得到的头部 IP 买手机制相比，它是还没有被真正意义上过度开掘的次平台，接近知识淘宝。《湖畔大学三板斧》《每日听见吴晓波》《好好说话》《小学问》之外，音乐教授田艺苗、声音教练徐洁或许是比高晓松更有价值的生态 IP。

同样，DAU（日活跃用户数）将近 9000 万（截至 2017 年 6 月初监测，易观千帆数据）的今日头条，与京东达成战略合作，强势打开“电商 + 智能推荐内容引擎”的全新模式的“京条计划”，不仅意味着头条号和电商将发力视频直播领域，并注入倾斜性推广资源，也客观形成了新内容生产和分发能力的次平台红利。

作为国内最大的互联网家装平台，土巴兔无疑是家装垂直领域可重点关注的次平台。家装行业有高达 4 万亿的市场规模，其特点是高客单价、作业周期长、人工为主，SKU（库存量单位）多、专业性极强等特点，而这些特点也暗合了在高门槛的低频消费下，业主在装修时缺乏经验，行业鱼龙混杂所导致的行业满意度较低的情况。针对痛点土巴兔平台上汇集了 35 万篇真实业主装修日记，建立了行业最大的独立口碑排名系统——“云口碑”，平台注册有 8 万家遍布全国的优质装修公司，并开发被誉为“装修界支付宝”的“装修保”，形成自成一体的完整产业闭环。可以预

见，如土巴兔之类的行业垂直类平台将成为新物种爆发的主阵地，任何新生的行业次平台都将有机会产生撬动流量价值的杠杆效应。在家居领域完成“互联网 +”的红星美凯龙流量凶猛，线下空间优势明显，庞大的新零售数据能力有机会孵化新生活方式品类，更为精准，也更加有效。

平台赋能，小众引爆大众

可能你不一定听过《普通 Disco》，但在 B 站它是播放量超过 520 万的洗脑神曲，原唱是全世界第一位中文虚拟歌手（VOCALOID CHINA，VC）洛天依和另一位虚拟歌手言和。当李宇春 2015 年在跨年夜唱起这首歌时，一股粉碎次元壁的洪荒之力正缓缓开启。作为语音合成技术、虚拟视觉技术和二次元动漫共创的以洛天依为代表的虚拟歌手，无疑也是典型的新物种，而其从小众亚文化进入大众视野的过程同样得益于次平台红利。

洛天依于 2012 年 7 月一经推出，国内与之相关的同人创作便迎来了一个高潮。各类动漫视频网站等都纷纷出现了洛天依的身影，并且有了更多的中文虚拟歌手歌曲。其中，有唱星星、月亮的，也有唱吃货的；有普通话的，也有粤语、上海话等方言的；有京腔的，也有越调的…… 但好景不长，短短一年后中国虚拟歌手发展就进入了停滞期。2013 年洛天依的东家天矢禾念娱乐集团又推出了另一位虚拟歌手——言和，但由于原创曲稀缺，梗曲（无实际现实意义填词的翻唱曲）的横行霸道，令 VC 发展受到重创。在梗曲泛滥的时期，只有少数人还在原创道路上坚持着默默前行。直到 2015 年初，A 站、B 站为代表的二次元之力开始爆发，诸多全能型 UP 主（上传视频的人）横空出世（如咏吟轩、ilem、没有龟壳的乌龟等），为虚拟歌手的快速发展埋下了伏笔。尤其是随着《普通 Disco》《权御天下》两首顶级虚拟歌手中文歌的发表，洛天依们的各项数据、新曲数量都飞速上升。之后，一首首良曲让虚拟歌手进入了从未有过的快车道。加上日本初音未来的流行，2016—2017 年湖南卫视与 VC 合作的两次晚会，更是打破次元壁，让更多普通受众接触到虚拟歌手，也为其进入主流奠定了基础。其中，B 站、湖南卫视扮演了重要的平台推手角色。

事实上，小众亚文化击破隔绝生态，在次平台崛起并非个例，这是互联网平台去中间化、去中心化、去边界化发展的必然，主流平台的力量正逐渐被次平台消解，更大的红利已深度下沉至次平台，新诞生的物种只有借力次平台，才有机会逆袭进击主流。

“知乎精神”代表人物采铜，至 2017 年 4 月为止已经贡献了 975 个回答，获得了 493598 个赞同、115293 次感谢。他出版的电子

欢乐狼人杀的社交机制决定了这款游戏产品的社交至上

书知乎“盐”系列之《深度学习的艺术》《开放的智力》连续84周占领同类书榜首，全五星评价，豆瓣9.4分推荐。带着次平台知乎大神的光环，采铜作品《精进：如何成为一个很厉害的人》更是长期位列畅销图书榜，其已被塑造为更加广而告之的大众精神领袖，在采铜的影响力进化中，知乎成为其发轫原点，也是IP塑造的引爆点。甚至可以说，人设颇多争议的演员张译，如果没有知乎，是否能有今天的影响力都要打一个大大的问号。

同样，历史可以追溯到上世纪的“狼人杀”，在十几年后成为街谈巷议的话题，也是众多次平台红利合谋的结果：前有战旗TV《说谎的人》（Lying Man）知名解说JY、PDD的流量导入，后有熊猫TV Super Liar（后改名为《Panda Kill》）加入直播阵营对垒；接着网综《饭局的诱惑》的进入，又为狼人杀提供了另一种荧屏可能；此后狼人杀的相关App井喷，天天狼人杀、狼人杀、欢乐狼人杀暂时三分天下……无论是直播、网综，还是App，最终谁胜者为王我们并不关心，狼人杀作为被次平台红利激活的社交游戏品类，才是最终赢家。

人格IP更是如此，拙作《超级IP》曾不厌其烦地举例从映客、YY、一直播到快手、秒拍、美拍的成就关系。我们当然容易理解冉大人、张大奕的热度之源为何是这些重要的次平台。

不容小觑的再定义范式

次平台让我们见证了新物种通过小众引爆大众的全过程，而这只是次平台红利的冰山一角，更大的红利在于再定义能力。它是新物种基因的注入能力、改造能力，是催生、诞生、孵化新物种的土壤平台。

电竞和电竞平台之于 PC 就是这样的关系。作为旧物种的 PC 江河日下，早已不复往日荣光，但近年来随着电竞的蓬勃火热，具有优质计算能力的 PC 重新复活，联想、惠普、戴尔等公司有望在这一轮 PC 升级中赢得全新的品类机会：专业、酷、极客范。看看雷蛇公司受到的追捧就知道了。甚至电竞平台战旗、龙珠、虎牙还在重新定义网吧，借着电竞产业的东风，网吧将告别烟雾弥漫的大厅和污浊不堪的厕所，进入升级窗口期。上海徐家汇的百脑汇改造方向之一就是整层的电竞化。

诞生于 B 站的“局座”也是很好的注解。局座，大名张召忠，其官方身份是国防大学教授，常在各大电视台军事节目里担当评论员。然而，真正让其鲜活，将他推上 2017 年 7 月 10 大网红榜位列第五宝座的却是广大 B 站用户。局座张召忠在电视上各种画风清奇的评论视频在 B 站上被吐槽、解构，甚至被网友戏谑封为“战略忽悠局”局长。局座在 B 站热度很高，当其微信订阅量破百万时，他决定在 B 站做直播首秀。正式直播时，直播间弹幕护体不见局座真容，堪称一场看不见脸的直播，而 B 站服务器直接被炸成“葛优瘫”。汹涌澎湃、共同吐槽、共同参与的弹幕，是真正意义上能够符合当下话语体系的沟通语境。据统计，直播当天在线观看人数最高时超过 70 万，共有 2041 万人在线观看。

类似于“局座”的再定义，还有表情包担当周杰、鬼畜新晋一哥唐国强等。事实上，B 站有 7000+ 种热门文化圈，这些流行文化、多元文化为物种的多样性提供了差异化的基因改造和重组可能性，B 站的文化圈、UP 主、用户，以共建、共创的方式，正在不断孕育新物种，各种不为我们所知的混搭场景和物种形态正等待我们去揭晓、验证、参与甚至爆发。

MCN 模式：次平台的高阶红利

如果我们对次平台红利的认知止步于“再定义”，则依然是片面和不完整的，次平台的高阶红利是 MCN 模式。这是多频道网络的产品形态，将 PGC（专业生产内容）联合起来，在资本的有力支持下，保障内容的持续输出，从而最终实现商业的稳定变现。简言之，是有能力和资源帮助、成就内容生产者的公司。

“我在十点课堂等你，不见不散。”——刘轩

在被称为内容付费元年的2016年8月，一档刘轩的心理学视频课程《教你巧用心理学，过更有效率的人生》，在十点读书的十点课堂上线。课程仅上线一个月就销售了2.5万份，截至2017年5月，销量已接近9万份，这意味着单门课程有望超千万营收。

目前十点课堂类似的特约老师有20位，作为十点读书旗下业务的延伸，十点课堂上线10个月，收获将近40万付费用户，占十点读书整体营收的1/3。此外，继畅销书《疲惫生活中的英雄梦想》和《愿所有美好如期而至》后，十点读书在2017年会签约数十位作者，把产销一体模式打造成平台亮点。建立十点矩阵，投资公号和传媒公司，开发线上课程、图书等内容产品，次平台红利在十点读书生态中被充分激发。与得到类似，十点课堂的运营模式就是类 MCN 方式。

2017 年 3 月 14 日，十点读书粉丝数正式突破 1500 万。当诸多公众号还在苦苦追逐 10 万 + 的时候，十点读书日均阅读量已达 700 多万。藉由平台海量用户、对内容需求的精准把握，以及深度介入内容制作和分发的产销模式，十点读书完成了从大 V 读书号到内容电商，再到内容和平台矩阵，并最终走向基于产业拓展和布局的“MCN 化”华丽转身。如果说十点读书是很重要的流量转化基础设施，那么无论对于其孵化的头部 IP，还是平台本身，在产业链条里，都将表现出极大的可拓展性，这也会让其估值表现出更高维度的变化。

很少有人注意到，WiFi 万能钥匙是国内互联网用户使用时长前十的 App 之一。男性用户偏多、用户保有量巨大、使用者的高频刚需特质都让 WiFi 万能钥匙具备了优质的流量红利，对于备胎说车、有车以后、杜绍斐等 IP 来讲，堪称极富性价比的投放渠道。反过来，如何摆脱对游戏分发和广告模式的依赖，在 5G 商用前将流量转化成新内容平台和 IP 孵化器，也成为摆在 WiFi 万能钥匙面前刻不容缓的战略抉择。

小米生态链品牌“米家”不仅是智能家居创业的重要次平台，进入小米营销体系和品牌序列，投资背书的能力也大为增强。米家在研发生产的标准化输出和产品品控的体系化要求上，给生态链成员企业传递很强的消费者认知，更在品牌塑造和渠道能力方面几何级数放大成员企业的势能。2014 年到 2017 年上半年，小米投资孵化了 89 家生态链企业，其中手环、移动电源、空气净化器、插线板等品类都已成为当之无愧的市场头部。

原创与优质头部 IP 一直是各平台追逐的对象。待市场逐渐成熟，

米家承载了小米智能家居开放平台的雄心

平台之间的竞争从数量争夺转而进入质量赋能。此时，只有头部IP方能攫取平台红利。因此，孵化加速更多头部IP，才是次平台能否羽化成蝶，破茧成为价值生态的窄门机会。

API思维与次平台红利

当新物种在某一平台引爆之后，接踵而至的往往是跨平台、多维度、多产品的全面分发，此时新物种将表现为API属性。在商业方法论层面，我们称之为“API思维”。

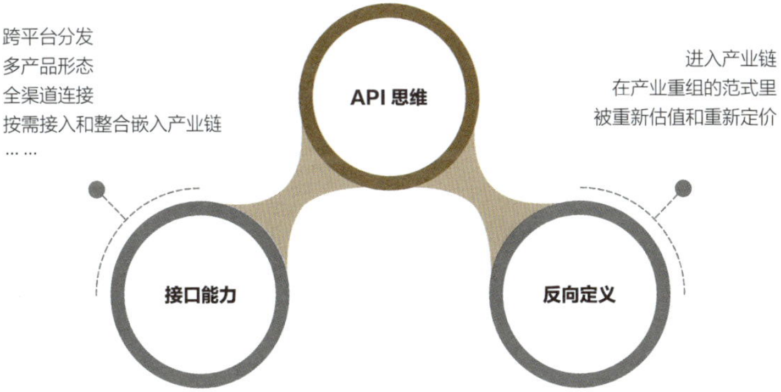

API 思维是指通过接口化能力，实现新物种多元、全方位的强链接和随时随地嵌入。API 思维代表的是社会化分工协作更加细化的要求和高效率的配置，表现为跨平台分发、多产品形态、全渠道连接、按需接入和整合嵌入产业链等。

一条视频浏览量可轻松过亿的《陈翔六点半》，就是 API 思维的典型实践。视频 2014 年上线，已在 42 个平台播放，全网每月累积播放量达 10 亿次，粉丝量已超过 2000 万，微信公众号“六点半”头条阅读量几乎篇篇达到 10 万 +。此外，陈翔构建六点半家族体系，共有 3 档节目。除《陈翔六点半》外，还有爆笑短剧《六点半日记》和爆笑动画《六点半变变》，2017 年 4 月，网络大电影《陈翔六点半之废话少说》也定档上线……快手、秒拍、美拍、QQ 空间、今日头条等平台成为陈翔集中营，它以产品为接口形式嵌入，激活细分用户群，构成了更加完整的赋能话语体系和整合后的分发系统。

API 思维还是完整的接口定义——不满足于单一产品、单一渠道、单一模式，而是要进入产业链，在产业重组的范式里被重新估值和重新定价。电影爱好者熟悉的“Sir 电影”目前还是以广告模式为主，但是，随着 Sir 电影从评测逐步涉足宣发、首发，慢慢完成真正意义上产业链本身的嵌入，定价方式就会发生变化，它可以不要广告费、会员费和打赏，其模式可能是基于影视产业链条的庞大宣传发行费用，甚至是票务分成。Sir 电影要颠覆的是华夏发行、万达院线，还是猫眼、微影？这个脑洞开得够大，但绝非无迹可寻。得到专栏作者刘润的五分钟商学院已经在数量和影响力上对传统商学院构成了实质性打击，商学院的优质师资与研发力量已经在加速流失到混沌大学、插座学院、馒头商学院，这是商学院教育产业变革重组的有力信号。

事实上，API 思维与次平台红利有统一的逻辑，是全新的算法、全新的游戏规则、全新的品类定义，当一个足够体量的次平台呼之欲出时，有没有标准化和结构化的产品能力，可以高效嵌入新平台，并形成分发和引领，这是需要在意并关注的变量所在。

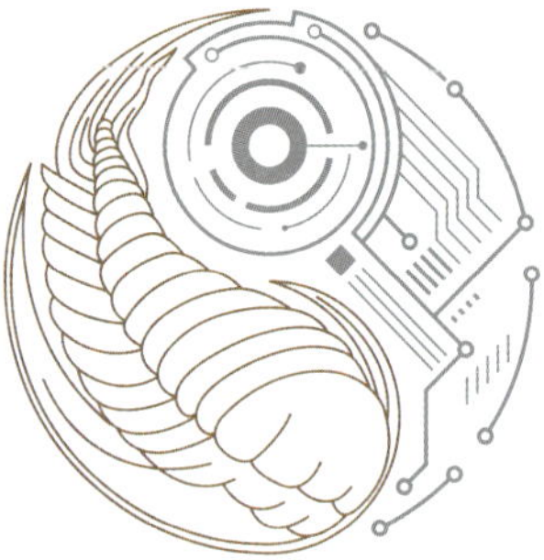

新物种方法论

随着商业生态越来越去中心化、离散化和碎片化，更加需要的不再是主平台的角逐，而是在更为广泛场景中的“泛浏览”能力，是捕捉次平台机会的敏感力。如果说被朋友圈束缚、被爆款趋同、被整齐划一正在被摒弃，来自次平台新流量的激活、小众用户的追随和不期而遇的碰撞自然成为新物种的进化规则。

¦ 次平台意味着新场景，新场景决定于用户体验

钉钉是移动办公服务软件，也意味着移动办公的新场景，如果办公用品或效率 App 选择钉钉首发，是不是意味着精准的到达与连接？高德地图是导航软件，即时新闻选择高德推送是否合理？判断的标准是用户体验，即新场景是否足以支撑新服务或新产品的持续发布。“UC 震惊部”之所以颇为诟病，不是 UC 头条的流量匮乏，而是标题党的套路对成熟互联网用户的智商不够尊重。所以，新物种意味着新生活方式和小众趣味，需要具备挖掘深层次流量、形成新连接机会的能力，但前提是场景成立、用户真实。钉钉、高德、UC 都是典型的次平台，但能否抓取阿里巴巴旗下这些流量平台的红利，取决于用户洞察和体验设计。同为阿里巴巴旗下流量入口，淘宝的造物节有较强的内容感染力和价值输出能力，值得年轻品牌和新锐人格积极拥抱。而内容创业服务平台新榜，因为对公众号和短视频场景创业的赋能价值，已成为自媒体世界公认的次平台。

不仅仅是流量获取，更是基因的注入与重组

如果说寻找次平台、引爆新物种是第一层次的利益，那么次平台对于新物种的再定义才是更深层次的基因注入。简单理解次平台的流量意义，新物种的爆发可以平移至任何平台，但平台自身的基因属性才是独一无二的，张召忠如果不是在 B 站，几乎无进化为局座新物种的可能。新物种与平台基因的深度融合、重组，才是次平台对于新物种的意义所在。

表情包作为语言新物种，最早由日本电信公司 NTT DoCoMo 在寻呼机上使用，此后 iPhone 让 emoji 火遍全球，社交即时通信软件 Line 更是凭借表情包带来每年数亿美元的收入——Line 源源不断供给表情包流量，正是 Line 赋予布朗熊和可妮兔的社交表情使用场景，Line Friends 才不断 IP 化，这种次平台定义新物种的基因能力是新晋品牌或企业应该关注的方法。

次平台孕育新物种，新物种反哺次平台

相比村上隆、藤原浩或 Supreme，LV 自然是更具流量能力的次平台。表面上看，LV 选择和波普艺术家杰夫·昆斯（Jeff Koons）合作 Masters 系列，是通过与艺术界自带流量的艺术家联名，让

自己的产品有更加当代性的新鲜表达与诠释，同时助力艺术家推广。事实上，借由草间弥生和杰夫·昆斯在社会范围的广泛影响力，LV 也为自己在实物产品外打开了更为广阔的价值观视野。这种相互赋能的逻辑同样广泛存在于内容创业平台，如同马东之于喜马拉雅、刘轩之于十点读书、Keso 之于开氪，有多少是 KOL 的自来水，有多少是平台用户，我们会发现这种订阅关系是相互促进的过程。当然，平台也通过知识产品的标准化实现了内容接入与平台分发的并行。

需要特别指出，作为构建新物种生态的重要一环，次平台虽自带垂直属性、聚焦属性，但并不意味着次平台是封闭的，反而需要更加开放的态度去接纳、去成就，哪怕是在其他平台诞生的新物种，次平台的活力终究取决于栖息物种的多样性和源源不断的新基因注入。微博在 2017 年的精彩表现，既源于二三线城市及年轻用户的重度使用，也与其成就头部 IP 的能力息息相关。

新物种爆炸

XSPECIES

第十章 本地化效率

本地棋牌游戏大火的互联网因素是什么？娃娃机会不会昙花一现？共享汽车到共享充电宝，个体化设施到无人自助设施，全球化让位于本地化是连接的必然。本地化效率意指万物互联时代，用户的本地化行为被数据连接更加精准且全面反映。物联网已是本地化效率的重要突破口。

共享 2.0 的企图心：效率之网

2016 年，宝马宣布战略转型，共享汽车被列为重要方向。与奔驰对于汽车分时租赁的态度如出一辙，宝马也并不在意现阶段能否盈利。奔驰 car2go 共享项目从 2009 年启动，终在 2016 年进入中国重庆。这背后是 100 多家汽车共享和分时租赁公司的一拥而上——掩盖在共享单车的资本爆炸下，又和充电宝共享、按摩椅共享一样，成为共享化风潮的缩影。这是一个城市效率被层层精细化的共享格局：新能源汽车租赁、共享电动车、共享服装、共

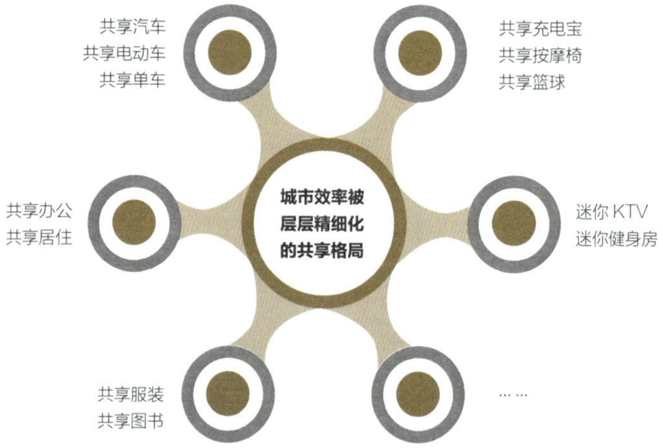

共享 2.0 时代的效率之网

物联网智能锁设备是共享单车的芯片式解读

享社区、共享办公，再加上无人便利店、迷你 KTV、广场舞 App、棋牌房卡游戏，或真或伪的需求和新模式背后，随时随地的在地性连接正成为新世代的消费主张和生活方式。我们因此可以理解，为什么美团点评、饿了么和摩拜单车、ofo 小黄车在重塑城市消费地图的同时，也在重塑城市规划方向。

ofo 和摩拜的潮汐数据，不仅记录消费者最后一公里的通勤与短途出行趋势，始终流动和沉淀的运营图谱还会深入完善公共交通的合理性布局。而类似来电科技、小电科技和街电，在火车站、购物中心和餐饮咖啡馆的充电宝布局，也可定义为移动互联电力基础设施的深化。这种网格连接还可表现为类似李想“车和家”的“智能摩托”创业——充分洞察城市停车位资源稀缺和出行拥堵的现实，用比 smart 汽车更小体积和更方便停车的电动车定义全新品类，是典型的刚需、痛点、高频。另一个思路是停车位的共享，可以看成是比“停简单”“ETCP”更具用户需求的细分方向。

新物种在共享领域密集爆发，究竟是巧合，还是必然？是共享，还是分享？事实上，以 Airbnb 的进化为例，共享正在开启 2.0 模式。与共享 1.0 基于数据匹配，共享大众资源不同，共享 2.0 更加聚焦本地化的深入，通过物联网对基础设施的重构，各种使用单元以极低的成本被分享或租赁，成为本地生活方式的快捷要素和方便组成。这是 Airbnb 继上线 Trips 之后推出本地化“故事”的原因。民宿短租、旅行短租到旅行一站式解决方案，再到本地化社交网络，这种递进可以解释一个点的服务是如何演绎成面的生态的。毫无疑问，共享单车、新能源汽车租赁、各类无人自助设施都会长成我们不认识的样子。

4G 解决了人与人之间更快的连接，5G 解决了物与物、物与人的连接。远距离蓝牙、Wi-Fi 全覆盖，信息技术正在颠覆产业成本结构、重构效率，新连接必然长出新物种。摩拜、ofo、小蓝只是解决“最后一公里”的出行痛点吗？手机、GPS、智能锁的标准化连接所构成的自行车出行网络，已具备大数据挖掘平台能力和物联网基础设施的可能性。它深入到本地生活，成为不可或缺的一公里组成。而共享充电宝之后隐含关于物品租赁的大势所趋，关

车和家的 SEV 值得期待

于使用者和拥有者相分离的趋势，关于一切皆可分享、一切都可共享的两轮驱动，可能会证明新的风口正在形成。

新物种本地化价值潜力

易观研究显示，2016 年中国移动互联网用户规模为 8.3 亿，预计 2018 年将达到 8.85 亿，两年之内移动互联网用户数的增长率不过区区 3%~4%，移动用户增长的流量红利已然消失。当国民总时间

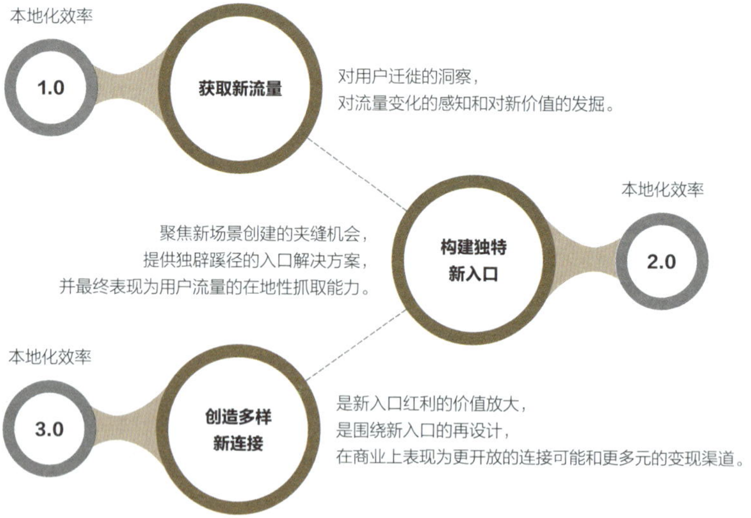

成为上限，新一轮的流量争夺表现为细分领域和新场景机会发掘，以及围绕“人”的动线深度经营，新入口一方面指向人格和内容，另一方面恰恰指向本地化和在地性。这是从本地化服务场景出发，以新连接技术为基础，完整构建用户痛点的解决方案。核心是用真实的需求激活和创造本地化流量，并通过数据抓取、沉淀和分析，优化重构解决方案，形成新流量能力。

新物种本地化效率的机会才刚刚开始，其价值潜力可从以下三个层次逐步达成，即获取新流量的可能性、构建新入口的独特性和创造新连接的多样性。

┆获取新流量的可能性，来自对用户迁徙的洞察、对流量变化的感知和对新价值的发掘，它是本地化效率的 1.0 阶段，也是容易切入的新价值机会。创业之初的西贝莜面村，创始人贾国龙坚信“土菜要开在土地方”，其时西贝所有店面都开在北京城乡接壤处，后来慢慢以独立门店的形式扩张。今天的消费流量发生位移，于是西贝进入包括凯德置地、大悦城在内的体验式购物中心，在年轻人的动线内创造新流量，从用户口碑，无缝贴合新需求到流量反哺来打造全新的西贝。类似的，Gentle Monster 眼镜品牌创始人 Hankook Kim 认为自己追求奇特的美学，实体零售门店其实是“快空间”。通过以 14 天或 21 天为周期更换店铺陈设，艺术化

Gentle Monster 的快空间定位使其更接近独特的生活美学媒体

的主题和独一无二的体验带来了媒体大量的关注报道，也带来了社交网络的裂变口碑。量子工程、绿洲白日梦、大食客，一系列极具媒体属性的企划方式有效地扩展了空间的流量能力，使得门店本身成为类媒体。显然 Gentle Monster 的火爆不仅因为眼镜风格独特和适合亚洲人脸型，更因为它主题各异、充满故事性和细节体验，如先锋艺术展般让人拥有探索欲望的店铺设计，其中眼镜和人都是故事的一部分，每个人按照自己的理解架构着完整的故事线索。

¦ 构建新入口的独特性。新场景蕴藏新入口机会，核心是聚焦新场景创建的夹缝机会，提供独辟蹊径的入口解决方案，并最终表现为用户流量的在地性抓取能力。传统健身不是新入口，而超级猩猩、乐刻等迷你健身房是新入口，没有规定时间、规定地点的健身计划，随机、碎片化健身需求，更加简便、快捷地被满足，新入口在毫无压力的迷你健身场景切入中被激活。

¦ 创造新连接的多样性，是本地化效率从量变到质变的过程，是新入口红利的价值放大，是围绕新入口的再设计，在商业上表现为更开放的连接可能和更多元的变现渠道。它是本地化效率指数级价值的引爆点，也意味着充满想象和无限可能。摩拜是共享单车，是用户运动及位置数据的采集平台，还是本地生活服务的效率网络？这些都不重要，从新连接的多样性来看，摩拜和 ofo 作为新流量和新入口，最有机会成为物联网基础设施。它可能逆袭新达达、闪送，可能成为超级物种或者 7-11 的合作伙伴，也可能升级为骑行版的悦跑圈……当然，共享单车“最后一公里”的社会化连接和赋能综合电商与本地生活服务，应该如何无缝接入仍需完整规划和设计。

这一轮本地化效率机会从对空间份额的占领到对时间份额的占据，最终达成对情感份额的占有，是全新用户关系的价值三段论。

节约时间或消磨时间

什么是效率？百度百科的解释是“单位时间内完成的工作量”。效率在通常认知中表现为时间最小化和价值最大化，但我们往往只关注到了时间最小化，却忽略了更重要的价值最大化。吴军博士在《硅谷来信》中提出，“商业的本质是让人多花钱，而不是省钱。”同理，效率的本质不是省时间，而是一场时间争夺战，通过占有节约出来的时间，创造更大的价值，才是效率正确的打开方式。

效率是以人为中心节约时间和消磨时间的一体两用。如果说以得到为代表的知识电商节约时间逻辑，已经让我们见证了知识付费的当量，那么以一直播、YY 直播为代表的消磨时间无聊消费也蕴含着颇多的支付机会。这种消费不仅表现为打赏、刷礼物，其价值更多地体现于用户付出的稀缺注意力和超长时间。因此，本地化效率也不是单纯的节约时间，它必须更加表现为消磨时间的形态，通过对痛点的发掘与解决，从新商业环境与技术条件的变化出发，创造与改善用户的触点和动线合理性，以场景解决方案，最大限度地获取用户的留存、转化，及至复购。

宜家的购物中心业态品牌“荟聚”便是利用消磨时间式本地化效

荟聚是宜家不甘缺席中国新零售的重要布局

率打造的新物种。品牌名“荟聚”，倒过来的意思就是“聚会”，强调的是聚会中心，而非购物中心。荟聚大量引入设计师品牌集合店，如 PLAY LOUNGE 和新锐墨镜 M.Y.D 等潮牌，并从功能上融入更多新的跨界体验业态，室内儿童游乐园、家庭游乐体验和小剧场一应俱全。此外，一套“数字化购物中心”的测试方案正在荟聚展开，内容包括与百度地图合作搭建室内数据、一个更加智能的寻车系统以及会员大数据的建立和应用。未来宜家会在荟聚中心的基础上，加入更多的辅助产品，如具有宜家特色的办公楼、宜家创意酒店和拎包入住的迷你公寓，宜家打造的荟聚不仅可以吃喝玩乐、购买家居用品，甚至是可以办公和居住的全业态大型综合体。宜家认为“什么才是符合年轻人生活方式的民主设计”这个问题决定了自己的未来，在荟聚的拓展方向和宜家民主设计大会选择与英国工业设计师 Tom Dixon 合作都可看出宜家对本地化效率的足够重视。

商业地产正经历从“量变”到“质变”的重要转折期，摒弃以售养租模式，不追求得房率，“大尺度”奢阔空间，透视、留白，尽可能满足顾客的空间体验感和舒适度，只为营造愿意停留的“氛围”。这种氛围转化为情绪与时间，裹挟形成意境表达和消费决策，价值的敏感性超越了价格的敏感性，如同 Spectacles、Echo、阿迪达斯 Originals 等品牌高频运用快闪店模型，也佐证了消磨时间本地化效率的商业价值。

2017 年的 TED 大会，以人类与机器人的舞蹈拉开帷幕，5 天的大会有超过 90 位演讲人分享前沿概念、研究发现及个人感悟。最低票价 8500 美元的大会共有 1800 人参加，历年来规模最大，不包含赞助费用，仅门票收入就超过了 2000 万美元。为什么网上可以免费观看的 TED 演讲，却可以售出价格高昂的线下门票？ TED 大会独特的在地性体验设计也许可以给出答案。

首先，高门槛的筛选机制让大会成为绝佳的社交场所。与会者胸牌上写着参会者的姓名、职位和公司，为了方便社交，TED 还开发了 TED Connect App，在里面可以看到演讲者和参会者信息，并可以与之联系。不同主题的晚宴每天都有，有些向所有人开放预约，有些定向邀请，不同圈层的社交活动相互套叠，形成独特的社交体验。其次，为了满足马拉松式的演讲观看需求，每天早上与会者可以在瑜伽、跑步和太极里三选一，由教练带着振奋精神。如果觉得在主会场听演讲拘束，剧场外的休息区到处都是播放着现场画面的大屏幕。会场现场的零食也异常丰富，两家咖啡店分别是来自温哥华和西雅图当地的独立品牌，均可免费取用。最后，也是最为重要的，与会者可以亲临现场，接受 111 场演讲的脑力密集轰炸，通过价值观点的各种跨界连接和整合，在体验沉浸式现场感的同时获得新知、新智。

在这种新的创造力思想的集合模式之下，即便长达 5 天的会议，也不会让人觉得冗长、无聊，TED 大会是更高一级的消磨时间本地化效率的体现，它已经完全超脱内容本身，售卖的是在地性的现场体验设计和浸润场景，和谁听、怎么听成为关键性的付费理由。国内剧院式演讲品牌“造就”主办的未来大会，在一定程度上也具备相应的本地化效率机制，其上海大会也是一票难求。

微信身份登录与在地性思维

本地化效率的机会仅止于深度经营“人”的动线吗？本地化效率是商业方法路径，是在地性、本地化的思维，譬如熟人社交与棋牌游戏的关系。

在我们欢呼移动化、碎片化复刻《英雄联盟》的手游《王者荣耀》的用户数超过2亿时，另一种地方特色的游戏品类——棋牌，在传统大众棋牌游戏市场几近饱和的情况下，却低调走红。闲徕互娱便是异军突起的典范，其日活跃用户在2017年3月已经突破300万，在三四线城市的累计用户量达到上亿人次，并已形成高度集中的头部平台。地方特色棋牌顾名思义有着强烈的地域性，根据地区不同，往往会衍生出多种不同的特色玩法，运营方式也表现出在地性特征——采取代理合作模式，通过发展地区代理的方式来完成游戏的运营推广。不同于传统线上棋牌游戏的大厅模式，闲徕的“房卡模式”复刻了线下的棋牌室，也是对本地熟人之间的用户资源深度挖掘和利用，运营过程中社交关系、商业价值被重构和激发。我们理解这种变化已经不再是必须要有数量，而是必须要有质量；不再说要有连接，而是精准连接，不再是精准连接，而是形成连接的圈层效应——用户正在成长为超级用户。其奥秘在于App所利用的“微信身份登录”。正是微信基础设施的完备才让闲徕互娱、口袋科技、一花科技快速崛起，并被昆仑万维、天神娱乐并购。

糖豆广场舞 App 也是类似的现象级产品，从学舞工具切入，聚焦解决细分场景痛点，用户通过 App 找到附近的舞蹈队伍，利用简单配音、设置背景、混音功能，编辑上传自己的舞蹈视频，目标路径是从覆盖规模在 200 万~300 万的领队人群，再到覆盖规模在 8000 万 ~ 1 亿的广场舞人群，最终打造“以舞会友”的本地化社区。出生于 20 世纪五六十年代的广场舞主力人群，掌握着家庭消费的入口，涉及理财、旅游、养生、购物等重要支出，足以撬动估值千亿的市场。广场舞被互联网赋能，群体智慧、圈层关系、社区价值被连接、被打通、被激活、被放大，使得糖豆广场舞等 App 成为本地化生活服务网络的结构洞连接点。舞动时代、99 广场舞等也都备受资本追捧。

空间并不受远近程度限制，因为空间优势不在于地理的现实性，而是更多地根植于无限吸纳连接与关系的能力。用新技术、新连接、新场景，从效率层面对本地化赋能，空间、动线、地域的物理属性只是基础，真正的能量潜藏于地域性文化、圈层性关系、社区性服务等围绕以“以人为本”的精神属性，从物理属性进入精神属性，才是本地化、在地性效率的最大化价值所在。

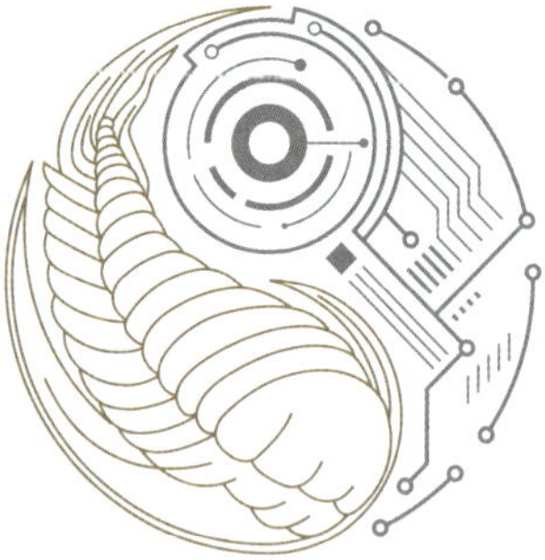

新物种方法论

无论是共享2.0的深化，还是多业态复合空间的流行；无论是地方特色软件大行其道，还是社区化服务备受追捧，都表明本地化效率的商业风口可谓生逢其时。那么，本地化效率如何在真正意义上成为新物种的DNA，在商业模式层面形成赋能和升级，乃至成为生活方式层面的表达？

¦ 整合善用本地化效率基础设施

充分运用可迭代的基础设施支撑、维护，在参差多态的复杂连接中，产生新的机会和相互作用，这是来电科技选择高铁站、购物中心切入充电宝共享的方式，也是友唱 M-bar 和 6 号包厢的地段算法：商场、影院、学校和 KTV，价格的自助化管理来自成熟的本地设施。

事实上，本地化效率的基础设施已经渗透到大多数细分领域，比如在同城配送，有专注于 B 端提供区域及同城配送业务的云鸟科技；于餐饮业，“美味不用等”早已经成为拥有“排队 + 小程序 + 支付”等服务能力的超级餐饮“新业态”；刷脸支付的“Face++”拥有人脸识别商业化业务 FaceID 和智能摄像头两大领域，线上线下提供人脸识别体系化支持；而从自拍到自拍杆再到自拍亭，品牌也正认识到拉近客户距离的最好方式是创造本地化新体验，并让他们积极转发和分享。

¦ 围绕个体化趋势设计

作家刘瑜在《送你一颗子弹》中说："一个人要像一支队伍。"在移动智能时代，品牌和服务商可以与用户产生随时随地的连接，这使单客经济成为可能。交易模式从交易总额向单客交易额发展，大众市场到细分市场再到个体用户，从爆款到个性化产品，移动和技术工具使本地化效率越来越表现为个体化趋势。从模式设计角度突出表现为，空间个体化、移动个体化和数据个体化。

¦ 空间个体化。一切不可移动的基础设施都应该被分割、被碎片化、被重组。空间个体化设计的底层逻辑是无人设施和更加轻量级的服务方式。一个人的健身房、一个人的咖啡馆、一个人的美术馆、一个人的图书馆……新的商业机会在于我们还能发现有多少个体化设施的细分领域，以及有多少迷你化、无人化的基础设施有待塑造成轻便的商业化机会。

¦ 移动个体化。除却类似五星级酒店的"顽固"支付体系，线下各种商业业态已被微信支付、支付宝全面攻陷。拿出手机"嘀"一下完成付款，"扫码"已经成为生活的日常。某种意义上，扫码解决的不仅是支付入口，也包括所见即所得，用户的场景动线与购买产品和服务的需求在移动中可随时随地被满足，支付宝发起的无现金城市计划正广受欢迎。

┆数据个体化。有没有从个体数据切入，进入到用户运营体系和数据经营资产。这轮时代意义的转换要义是新消费数字个体，新空间不重要，流量不重要，个体数据的获取、运营和精准匹配、推送成为设计的核心要素，这才是本地化效率的核心驱动力。

┆本地化效率的在地性文化设计

本地化效率在更重要的顶层设计上往往由本地化内容承接。裸心社在上海新天地，优客工场在北京阳光100，WeWork在上海威海路——这是联合办公内容；唱吧走到线下，QQ音乐在三里屯太古里开起了“陪你听见全世界”音乐快闪店，碎乐每日连接Live演出——这是互联网音乐内容；口碑网商家，美团点评餐饮推荐——这是餐饮O2O内容。

信息、金融、文旅、制造、特色小镇是怎么流行的？本地化效率连接的内容集中化、产业集聚化、资本密集化，希望是J. K. 罗琳在《哈利·波特》系列出版20周年所说的那样：“一个独自生活在其中的世界突然向别人打开了。”这非常美妙。

新物种爆炸

XSPECIES

第十一章 新零售

小米之家的发展速度与京东的效率制胜有无异曲同工？生鲜为什么在这一轮新零售的革命里位置突出？无人便利店和场景化改造的逻辑分别是什么？新零售不是零售模式升级，而是用户思维进化与商业本质的迭代，本质是以大数据支撑场景洞察，以体验设计为基础架构的新信用关系与新效率体系。

新零售是用户思维进化与商业本质的迭代

便利蜂通过 App 线上选购到线下自提或送货上门，建立用户数据搜集与分析端口，不仅扩展和优化无形货架，更提升本地化服务效率。如涵电商以“网红孵化 + 供应链管理 + 代运营”模式，打造了基于内容连接能力、魅力人格信任代理机制、供应端与消费端高效互动的网红电商平台。以闲鱼、转转、瓜子、优信等为代表的二手交易精准洞察新消费场景，不仅提升闲置物品的流转效率，更具有经由物品流转带来意义承接的社交属性。区别于任何一次零售变革，新零售完成的是流量逻辑向用户逻辑的演化，数据、信用、效率、场景……其本质是体验迭代与认知升级的效率共振。

认知升级指向用户思维进化，代表的是心智已经完成整体迭代和技术赋能的新世代用户。一方面，用户被数据表征，数据成为个体行为的映射与化身，人被重构为数字化个体；另一方面，个体意志崛起，独特成为刚需，用户主动寻求的是获得个性化满足的审美和情感消费。

体验迭代指向零售商业本质迭代。随着用户的认知升级，零售中“人、货、场”的运营结构发生了本质性位移：从传统的“经验供货—最大触点铺货—模糊消费者”的“货—场—人”，转变为新零售时代“数字化消费者—不断细分的消费场景—基于体验的场景解决方案”的“人—场—货”，即善用新技术整合用户数据，基于用户数据洞察新消费场景，构建新场景下用户体验的完整解决方案，在与用户的交互中形成新意义输出。在新零售商业路径中，数据、场景、体验是基础，那么其最终指向的新意义完成着何种商业表达？

传统零售交易链

新零售时代交易链

首度大规模提出“新零售”概念的有小米、京东和阿里巴巴。阿里巴巴于 2017 年 5 月宣布天猫成立以来最大规模的一次品牌升级，从“上天猫就够了”到“理想生活上天猫”背后是整体战略的内容化与网红化。从品质定位的品牌筛选和体验设计，到用户画像的场景分类和榜单推送；从每个 ID 消费行为的精选匹配，到内容连接能力的全域营销……天猫脱离品牌卖场形象，经由数据体系、内容入口和品牌人格的构建，努力打造中产阶级买手体系，试图确立与用户的信任关系。而新网商协同剁手党、TP（电商代运营公司）、供应商成为长在新零售上的新物种。

京东无人机计划

2016 年“双 11”，京东发布“无人战略”，无人仓、无人车、无人机、无人配送，用人工智能打造极致效率的仓储物流系统。2017 年京东布局与连锁便利店的合作，并开放自身物流系统，赋能零售业。如京东集团创始人、CEO 刘强东撰文表示，“以京东可塑化、智能化、协同化设施的完善，智能零售效率会表现为无界和精准的商业未来”。

无论新零售巨头京东、阿里巴巴，还是新模式企业便利蜂、一条视频、F5 未来商店、淘咖啡等，商业路径最终都指向两个维度——信用关系和效率体系。新物种方法体系中，新零售本质是以大数据支撑场景洞察，以体验设计为基础架构的新信用关系与新效率体系。

便利蜂是本地化效率的新零售表达

体验设计指向审美文化与意义连接

体验设计作为新零售基础架构，需要完成的是消费者预期管理，由感官到内心，经由美学感受、互动连接和意义交换创建超越期待的新消费场景。实质是契合消费者心智信号的传递，激发其情绪涌动和心理共振，在与产品、平台、空间、环境的互动中完成情感连接，达成与其生活方式的价值交换。传统零售的产品、流量、平台、配送等环节都在体验设计的统一架构下环环相扣、意义互洽，形成消费者需求完整的产品承接体系。

来自美国的二手车电商平台 Carvana 为了给客户制造充满惊喜的提车体验，在圣安东尼奥设置了一台汽车自动售卖机。这台售卖机高度接近 5 层楼，近似可容纳 30 辆汽车的小型停车库。顾客在线上选购，从汽车售卖机提货，只需投入一枚特殊的硬币，所购汽车就会从架子上滑下来停在面前。精妙的设计将爱车之人对操纵感的享受激发得淋漓尽致，一辆汽车如同售卖机里的咖啡、汽水般完全在你的控制之下，构成整个购物体验的爆点。同时它还完成了线上线下流量整合、线上平台的实体承接和高效率配送的完整模式构建。

所以，体验设计不仅仅是整个交易链条的美学设计，更重要是完

TeamLab 在佩斯北京举办的首次个展主题为“花舞森林与未来游乐园”

成对消费者价值的意义赋能，从而形成其诉求表达的出口和新意义形成的入口。但“千人千面”的消费体验不是预先设计规划，而是先经由顶层文化设计，在价值层面实现消费者情感连接，再通过每一次交互体验逐渐形成属于每个独特个体的审美态度。

The White Company 以白色为主色调，打造纯净而梦幻的生活场景，每一次沉浸其中都仿佛一次身心清空，随之而来的是内心最本真的诉求涌现。

从体验设计的方法层面，对新技术整合成为必须，但对新技术的合理善用必须置于人的尺度，它源自数据算法对消费者内心需求的无限逼近和交互共生，可理解为“技术同理心”。无印良品在2013年夏天上线了一款助眠App——MUJI to Sleep，制作者是以数码艺术见长的TeamLab团队，他们走进深山林间，搜集自然的声音，制作成一款有5个场景选项的高音质应用，与店内MUJI to Sleep的介绍和睡眠相关的书籍、杂货一起形成提案，如同MUJI倡导的减法生活。卡西欧在杭州的智慧型门店，通过视频分析、AR游戏、Wi-Fi探针等技术结合大数据分析平台持续优化用户的黑科技购物体验，6平方米店铺直联卡西欧天猫旗舰店，平效增长惊人。更有Nordstrom通过数据跟踪建立用户定制系统，客户一进店用户数据即推送给销售人员，跨渠道存货管理让客户即时跟踪库存和物流，数据与商业逻辑的深度结合实现消费方式逆向牵引生产。

新信用关系：以数据能力与信任代理构建信用体系

这一轮消费升级，当购买力、产品、购买渠道、信息通路不再限制消费意愿，当传统“性价比”认知中价格成本的敏感性降低，用户对商品的标签感知与价值评估从“产品—品牌—价格”逐渐过度至“场景—人格—信任”。也就是说，产品的功能属性被置于不同的场景诉求中被用户自身定义和期待，基于品质、美誉度、传播度等建立的品牌价值最终必须进化为品牌人格，承载用户的定义和期待。此时以性价比为原则的价格维度转换为数据沉淀的个性化服务能力和魅力人格的信任代理，以情感维度的信任关系完成对用户的心智占领，并真正带来溢价空间。在构建信用关系的新零售路径中，核心是数据能力和情绪代理机制，它是信息爆炸时代用户注意力稀缺引发的价值转换。

在小米的新零售战略体系内，小米之家在智能家居的完整体验基础上已形成新的范式表达。“小米小店”似乎也值得更多关注。“从米粉到伙伴”，小米希望借助粉丝力量建立自己的分销体系，突破原有包括小米官网、小米天猫旗舰店、小米之家等渠道的静态属性，快速拓展小米的渠道体系和传播通路。小米小店与传统分销的区别是什么？小米商业模式成功的基础是基于品牌人格、社群运营构建的强信用关系，而“从米粉到伙伴”完成的正是这种信用关系除产品销售之外更有想象空间和规模效应的变现方式。一方面，小店店主的米粉身份和信用评估机制，本质是对分销渠道的人格背书；另一方面，小米赋予小店店主的伙伴身份和利益绑定，则进一步强化与核心用户的信任关系。

农夫山泉、肯德基、红米、麦当劳都是这种模式的受益者。2017年4月，农夫山泉推出12款与《阴阳师》合作的定制包装果味饮料，活动一开始玩家便成箱购买导致产品屡屡断货。而此前，肯德基与《阴阳师》推出主题套餐，随餐赠送限量闪卡，活动第九天，全国门店准备的限量闪卡就接近售罄。这两个合作在社交网络的热度也是空前高企。与此接近的合作有麦当劳与《全职高手》、红米与虚拟 IP 初音未来在情人节的定制版发售，二次元独有的信任能力不仅是营销方式，更是内容反转的新入口价值。

信用关系构建有着多样性的路径选择，核心是要对消费者传达某种生活意义。拼多多专注于熟人社交的拼团模式，在购买环节中融入趣味游戏，让拼团成为一种具有娱乐属性和分享乐趣的社交方式。“全球好物分享推荐”的内容电商小红书，构建了以“好物”为核心的陌生人交流平台，大量优质的用户原创内容（UGC）和良好的分享氛围，成为“好物达人”生活意义的沉浸场所。品质电商网易严选一方面以 ODM（original design manufacture，原始设计商）模式的严格品控累积用户信任，另一方面以“反互联网思维”的“少、慢、精”，在唯快不破的喧闹时代完成独特又笃定的生活态度输出。在瑞典埃斯基尔斯蒂纳，当地政府筹办了全球首个旧物回收购物中心——ReTuna Recycling Galleria，商场混合传统的回收中心与购物场所，消费者在商场回收区放下弃置物品，之后由 14 个品类商店负责令旧物重生，顾客的每一次“弃置”变为“施予”，得到的是对环保公益的参与感和成就感。

此外，新信用体系不仅是与消费者建立的信任代理关系，还强调数据沉淀为消费个体建立的在线信用数据。如何让信用数据真正具备跨平台能力，开放、安全、有效地接入更大的商业生态，自生长能力和连接能力将会带来更具格局的商业价值。

信用数据本身不是新零售形态，但它是构建新零售商业最为重要的基础设施，也必将成为圈层关系的终极意义和生存方式。

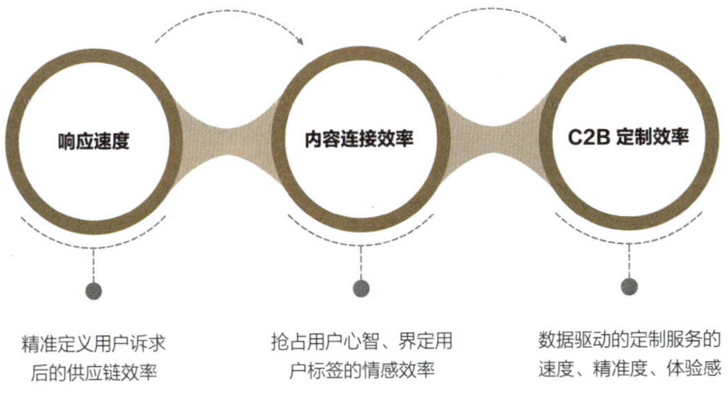

新效率体系的本质是供应端与消费端互动效率提升

新效率体系：提升供应端与消费端的互动效率

新零售不再是供应端独立效率提升，而是与消费端的互动效率提升。连接性与内容力是互动效率升级的基点，连接性指向基于新技术和数据能力对用户需求的精准抓取和柔性响应，内容力指向场景化的情绪激发能力与生活方式定义能力。事实上，亚马逊在西雅图测试三种实体店模式——Amazon Go 便利店、Amazon Fresh 汽车穿梭生鲜提货站、线上线下结合的混合超市后，将会开设 2000 多家门店，因为人们喜欢便捷，也喜欢超市：真实质感和社交体验是无法被物流优势替代的。看不清楚这一点，并购 Jet 后的沃尔玛仍难有突围良机，因为全食超市也在被亚马逊收入囊中。新零售所强调的互动效率主要表现在以下三个层面。

其一，响应速度，即精准定义用户诉求后的供应链效率。

快时尚品牌 ZARA 首创时装零售市场上的快速反应机制。每年推出 12000 个款式，保持一周两次上新频率，产品从设计到上架时间不超过3周，针对“追逐时尚、中等消费水平”的年轻群体，使其以最快速度、最具性价比的价格、“最好逛”的购物体验，享受与潮流的零时差。为此，ZARA控制一切与快速、时尚无关的成本，如不铺广告，以降低营销费用；不使用高档面料，采取“二次设计”等。ZARA为了能够将供应链周期缩短在7天内，更研发新的射频识别（RFID）系统，从工厂到销售终端均可实现追踪，并且能够实时报告库存情况，一切动作都是为了实现“快”。

¦ 其二，内容连接效率，即抢占用户心智、界定用户标签的情感效率。

在米兰的“未来超市”Coop，每种食物都拥有自己的故事。超市在货架上方安装显示屏，当客户触摸某件商品，甚至只是手越来越接近时，显示屏便呈现食物的详细信息。每种食物的完整表达赋予它们生命属性和身份标签，对食物生命的感知是人与物所进行的平等对话和意义交换。英国Farfetch的未来商店也是如此，通过线上线下结合，以数据来推进更加人性化的买手购物体验。

┆其三，C2B 定制效率，即数据驱动的定制服务的速度、精准度和体验感。

红领西服是首家实现西装 100% 定制的企业，拥有“大数据驱动的 3D 西服打印机”和个性化定制设计的 C2M(Customer to Manufacture) 在线平台。 旗下的酷特智能平台包含线上电商和整合了洗衣店、改衣店等产业链上下游环节而形成的一体化线下网络。消费者根据自身需要提出定制需求，无论线上还是线下，只需提供身材测量数据，并进行一系列个性化选择，如西装款式、面料、纽扣的款式和数量，以及刺绣图案、珠边设计、钉扣缝制方式，甚至每一根缝衣线的颜色等，将所有需求组合成定制版型即可完成西装定制。版型通过 3D 模型系统即时展示，在确定下单前可随时增删。收集到的消费者需求进入平台数据库，通过计算模型直接生成制作图纸，同时申请将物料传送到工厂进行生产，完全实现由消费者数据驱动的个性化高效定制服务。注重交互、优化供给侧、突出数据能力及匹配度，全场景下对消费需求的柔性响应是重构零售的精准效率所在。

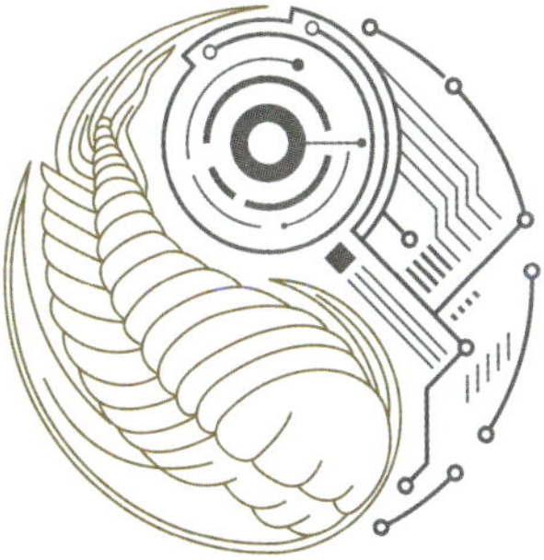

新物种方法论

新零售作为零售新物种，是用户体验迭代、信用体系与效率升级的场景价值形态，给线上零售平台与线下实体空间都提供了充满可能性和想象力的商业机会。回归商业的本质，新零售方法论必须以用户的需求变化与行为特质为原点。

对用户需求渗透与重塑的数据流动

把用户需求能力数据化，能够更好地满足消费者多元化、个性化的场景需求，前端具备足够强大的数据积累及分析能力，后端需要灵活快速的供应链反应能力，通过动态算法的渗透与优化，重塑流通链、价值链、体验链。如今几乎所有零售品牌的产品研发能力、供应商的平台合作能力、货品管控能力以及多渠道资源能力，都依赖于用户需求体系和商品物流系统的全数据系统管理。互联网休闲零食品牌三只松鼠凭借几千万会员消费大数据匹配，针对性选择芜湖、南通、苏州、蚌埠等三线城市开设线下店，为重构传统商业要素提供了极好的数据样本；卷皮网精准定位草根阶级打造平价电商，依据用户数据切入消费能力高速释放的重点三四线城市，精准布局供应链。所以，商业思想家吴伯凡认为，“从消费者角度出发，新零售的本质是选择成本更低、维权更容易的有记名消费”。

┆对用户情绪触发与代理的场景再造

作为最真实的、以人为中心的体验场与连接点，场景是用户价值传递、情绪触碰、直觉感受的多维载体。今天用户情绪的消费主张不再是功用层面的价值观念，更多的是圈层审美态度影响、激励下的消费动机。台湾全联便利店的“小确幸”，MUJI BOOKS的“寂默”，红星美凯龙的“更好的日常”，造作的“新设计主义”，喜茶的“清心”都是源于用户情绪的场景再造。

对用户交互改善与赋能的体验设计

场景零售路径具有明确的目标性与组织性，体验设计在于能够从新商业环境与新技术条件的变化出发，创造与改善用户的触点和动线合理性与感受度。位于苏格兰的乐购，独创适用于老年人的“缓慢结账”服务；英国零售商店 John Lewis 为了契合数码爱好者的心智，甚至将数字电视搬到街边，鼓励路人通过橱窗与智能电视互动，以科技体验吸引消费者参与。优衣库在北京、上海等多个省市的 100 家门店，推出“智能买手”，是一块内置感应系统，可以展示新品、优惠信息和推荐搭配，并进行互动的智能屏幕。在优衣库店铺主入口处，顾客一走近，智能买手就会主动播送当季促销信息。小狗电器在国内首创中央维修售后服务模式——不界定损坏责任，一切解释权归用户所有，保修期内只要产品发生损坏即可启动逆向物流，所有快递费用和维修检测费用全免。信任用户带来了良性回报，小狗电器返修率从推出前的 4% 降到 1%，售后满意度提升至 99.73%。

对用户价值创造与预见的技术革新

技术的革新也应始终于人，通过对用户需求、便利性、体验感等的技术赋能，真正创造和预见用户价值。VR 技术、虚拟试衣，让网店体验接近真实橱窗。每日优鲜在全国近 300 个城市建立起“城市分选中心 + 社区配送中心”的极速达冷链物流体系，确保为用户提供 2 小时送货上门服务。以内部物流软件著称的亚马逊为改进生鲜零售供应链能力，不惜购买 LLamasoft Inc. 的供应链软件，以便尽快推进 Amazon Fresh 的部署。欧莱雅推出能让用户虚拟试妆的 App——Makeup Genius 和智能梳子。丝芙兰借用 AR 技术推出可视化的试妆 App 后，在 2017 年又发布了上千款可借助 AR 来试妆的眼影……其背后都是对消费者需求和期待的满足动力。

类似 Makeup Genius 的创新实验让欧莱雅的品牌形象有所改善

新物种爆炸

XSPECIES

后记

周虽旧邦 其命维新

意义覆盖：互联网这样成为新土壤

很多年前，卡尔维诺说："我们生活在一个有开始但没有结束的故事构成的世界里。"他因此写了《如果在冬夜，一个旅人》，好像看到了40年后开始的漫漫旅程。

2012年，段永朝和姜奇平在对话集《新物种起源》中提出，"机器丰富人的机能，商业法则证明人的天性，数学公式增添人的胆识，新的物种已然诞生"。五年过去了，互联网再也不需要证明，互联网新物种则是对互联网作为新土壤的物种推演。京东从2010年资金链被质疑到2017年6月市值突破600亿美元，滴滴从2014年随时摇摇欲坠到2017年6月出行平台估值500亿美元。越来越快的认知升级加速了新的商业想象，舒适区不断被突破。德里达的《分歧与重复》中提到："差异与分歧如狂风暴雨，它什么都有，就是没有那种人们用以整合的同质性。"幸或不幸，互联网成为新土壤，我们赶上了新物种大爆炸。

社交网络与短视频、直播重新定义流量，也重新定义意义。

人工智能与云计算、数据重新定义增长，也重新定义品类。

新物种就是以互联网连接单元为基因、算法体系为骨干、数据为细胞、场景为动力的新意义形态。本书正是从商业物种的重新定义出发，希望给出的商业方法关键词能够帮助有志于成为新物种的创变者无畏出发。

新智人是最重要的新物种形态

这种统一性在商业思想家吴伯凡看来，是 ABC——AI、Big Data、Cloud，如果加上一个 D——Design，那么就是，人工智能、大数据、云服务、设计力共同赋能新场景日新月异。

一般认为，技术迭代推动这一轮生活方式变革，进而促成了商业底层结构的重组。另一种观点是，技术深入渗透连接的自然人正日益呈现新的心智模型与行为模式。人的进化抑或变异才是商业活动的最大变量。在互联网移民与万物互联的原住民之间，隔着1000 个 iPad 或 iPhone 使用者。人的屏化和触摸化让购物更聪明，也让资讯信息流成为最重要的时间指标，内容分发之于搜索引擎是百度的情非得已，也是人性使然。算法驱动之于资讯编辑是今日头条的顺势而为，更是技术意志。

从人的角度关注新物种，沿袭赫拉利的智人表述，只有定义新智人是最重要的新物种形态，我们才能管窥新物种大爆炸的商业逻辑和未来走向。新智人首先是技术赋能并加持的自然人，当然还包括生物机器人和机器人。这一轮新物种大爆炸的标志恰恰是以数据为能源，技术连接体系为社会基础设施，人机交互为场景驱动力的新智人养成。

最重要的事只有一件：认知

新物种正在遇上一面墙，这面墙是固有认知，如同区块链技术遇到的央行金本位体系，关于信任，是温度和情感，还是数字和去中介？这面墙是既得利益、加盟体系，还希望在层层加价中苟延残喘，低估了信息的对称速度，也低估了互联网扁平化的能力。这面墙是组织惯性、按部就班，研发、生产、渠道、销售，不习惯柔性化，不习惯以用户为中心。这面墙是战略的懒惰，贪恋爆品，不习惯勤奋，不习惯迭代，不习惯变换姿势。

越过山丘，翻越新物种遇上的墙，亚马逊会超越 B2C 电商，成为人工智能开放引擎网络；特斯拉会超越电动汽车，占据新能源品类；美团点评会超越 O2O，为本地商业赋能；摩拜会超越共享单车，互联网金融与物联网基础设施双星闪耀；Airbnb 会超越短租解决方案，借由生活方式输出共享型社交网络；韩都衣舍会超越时尚云，让小组制和供应链自由产生化学反应。只有想象能够突破新物种遇上的墙，唯有创意可以打开新物种时代。

商业模式的升级是什么？认知升级。

消费升级的实质是什么？审美升级。

液态组织改变我们看待资源和处置资源的能力

不再是根系连接，而是漂泊感和群体性孤独的去中心化。过往，我们用自由换取安全感，需要秩序，我们认为这就是现代性。现在，互联网释放并连接彼此，每个人都是自由的，但我们试图通过互联网承担更多的连接责任和社交态度，进而形成明确的道德水准。

即便在商业领域，每个人也都在成为更快速的变化者与移动者。组织固化的趋势反向消解，液态组织和液态商业文明开始蔚为大观。今天看待资源和价值的方式也因此发生了本质性的位移。管理学提出资源基础观，在这种逆转的大背景下，我们提出新资源基础观：关于新物种商业，判断资源价值的维度是 DICC——Data（数据）、Intelligence（智能）、Connection（连接）、Community（社群）。在 DICC 的基础上进一步梳理新物种方法系列关键词：反经验、意义覆盖、更细节、场景流、在线信用、设计力、混合内容、人格化。场景实验室围绕本书关键词研发《造物学：新物种商业方法》课程，延请诸多名师精心打磨的新物种方法体系，并与《哈佛商业评论》合作研发新物种案例知识产品《甦》。感谢罗辑思维、吴晓波频道、分众传媒、财讯传媒和一汽－大众奥迪的大力支持。感谢场景实验室各位小伙伴的持续激荡：创业维艰，其命维新；风雨如晦，鸡鸣不已。

是的，面对未知，我们杀鸡用牛刀。

2017 年 7 月

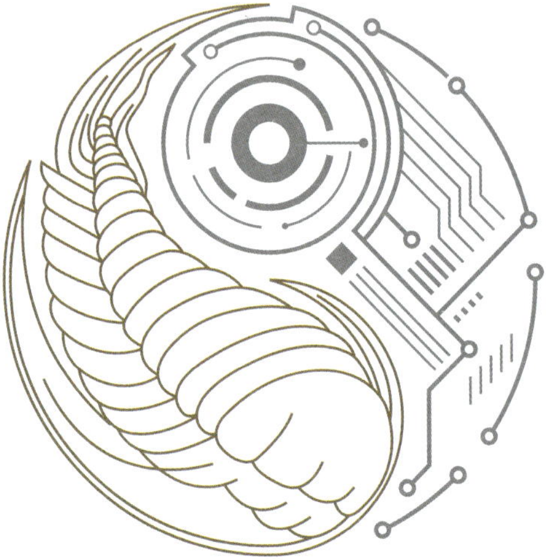

图书在版编目（CIP）数据

新物种爆炸：认知升级时代的新商业思维 / 吴声著
. -- 北京：中信出版社，2017.9（2019.3 重印）
ISBN 978-7-5086-7910-5

Ⅰ. ①新… Ⅱ. ①吴… Ⅲ. ①商业经营 Ⅳ.
① F713

中国版本图书馆 CIP 数据核字 (2017) 第 159076 号

新物种爆炸——认知升级时代的新商业思维

著　　者：吴　声
出版发行：中信出版集团股份有限公司
（北京市朝阳区惠新东街甲 4 号富盛大厦 2 座　邮编　100029）
承 印 者：北京盛通印刷股份有限公司

开　　本：880mm×1230mm　1/32　　印　　张：8.5　　字　　数：150 千字
版　　次：2017 年 9 月第 1 版　　印　　次：2019 年 3 月第 5 次印刷
广告经营许可证：京朝工商广字第 8087 号
书　　号：ISBN 978-7-5086-7910-5
定　　价：58.00 元